CITY
PICKNICK

JULIA KUTAS

CITY
PICKNICK

48°12'30 N 16°22' 19 E

JULIA KUTAS

Brandstätter ⓑ

Bevor ich mit 18 Jahren nach London zog, organisierte ich in meinem Lieblingspark, dem Wiener Burggarten, für Freunde und Familie ein Abschieds-Picknick. Ich war gerade in meiner orientalischen Phase (nach meiner Risotto-Phase, Madeleine-Phase, Tortilla-Phase, Tex-Mex-Phase etc.) und entschied mich für ein Tausend-und-eine-Nacht-Beduinen-Zelt. Meine ganze Familie half mit, meine Mutter stand mit mir in der Küche und mein Vater zimmerte ein Gestell für ein Zelt, für das meine Mutter Stoffe lieferte.

Das Datum war kurz nach meiner Führerscheinprüfung. Natürlich wollte ich selber hinfahren, um mein erstes Mini-Catering zu liefern. Ich war noch wenig geübt im Einparken und brauchte einige Hin-und-her-Schwenker, bis der Kofferraum die perfekte Auslade-Position hatte. Eine ungeduldige Dame, die mit ihrem Hund in den Park wollte, begann zu hupen und schrie aus dem Auto: „Was machen Sie da?", worauf mein Vater ausstieg, zu ihrem Fenster ging und sagte: „Meine Tochter dreht Pirouetten!" Kaum war das Fest in Gang, rief die Dame die Polizei und fragte, ob es erlaubt sei, im Burggarten unangemeldet ein Zelt aufzustellen. So bekamen wir innerhalb kürzester Zeit Besuch von der Polizei. Wir dürften ruhig weitermachen, meinten die Herren, nur das Zelt sollten wir abbauen.

Der Tag ist für mich eine wunderschöne Erinnerung geblieben: Es war das perfekte Setting, mit Freunden und Familie zu feiern, auf den alten Kelim-Teppichen meiner Mutter und auf riesigen Kissen selbstgemachte Leckereien zu schlemmen und den Abend in dieser wunderschönen Umgebung ausklingen zu lassen.

Einige Jahre später war einer meiner ersten Catering-Aufträge ein Konzept für ein Appartement-Hotel in Wien, das kein Restaurant oder Café im Haus hatte, den Gästen aber trotzdem kulinarisch etwas bieten wollte. Meine Idee war, einen Picknickkorb mit selbstgemachten, abgewandelten Wiener Delikatessen anzubieten. Ich eröffnete sogar einen Onlineshop für dieses Projekt. Trotz meiner großen Ambitionen und meines Optimismus wurde kein einziger Picknickkorb bestellt!

Ich ließ mich nicht beirren und als ich 2010 mein erstes Restaurant, die *hiddenkitchen* in der Wiener Innenstadt, eröffnete, nutzte ich die Erfahrungen und das Wissen, die mir dieses Projekt gebracht hatte, für unsere *hiddenkitchen*-Picknickkörbe. Die sind seither ein voller Erfolg. Für sie habe ich die in diesem Buch erstmals präsentierten Rezepte für unterwegs und für Outdoor-Feste entwickelt: Im Park, auf der Terrasse oder am Lieblingsplatz im Grünen außerhalb der Stadt schmeckt es einfach nochmal so gut!

Gutes Gelingen und guten Appetit!

Julia Kutas

Picknick-*Basics*

Vorbereitung

/////////////////////////////

Outdoor-Lieblingsplatz auf Picknicktauglichkeit überprüfen

Ist er gut auffindbar und für die geplante Anzahl an Personen geeignet? Welche Infrastruktur ist vorhanden: öffentliche Verkehrsmittel, Beleuchtung, Tische und Bänke, Toilette, Abfallbehälter, Schutzmöglichkeiten bei Schlechtwettereinbruch …?

/////////////////////////////

Google-Maps-Punkt setzen

/////////////////////////////

Einladung, gegebenenfalls mit GPS-Koordinaten, verschicken

/////////////////////////////

Weg zum Picknickplatz für die Gäste markieren
(Bändchen, Luftballons, Schilder …)

/////////////////////////////

Picknick-Utensilien einpacken

/////////////////////////////

Geschirr und Besteck
(Bambus und Holz sind umweltfreundliche Alternativen zu Plastik)

/////////////////////////////

Trinkgefäße

/////////////////////////////

Spezial- und Vorlegebesteck

nach Bedarf, z.B. Salatbesteck, Tortenheber, Vorlegelöffel, Brotmesser, Fleischmesser, Longdrinklöffel …

/////////////////////////////

Schüsseln, Schälchen, Platten etc. zum Anrichten der Speisen vor Ort

/////////////////////////////

Servietten und Strohhalme

/////////////////////////////

Bierkisten mit Bauplatten darüber als „trinkbare Tische"

/////////////////////////////

Kissen

Eiswürfel in Isotasche
(oder Eis an die Adresse liefern lassen)

Salz und Pfeffer

„Picknick-Helfer"

Korkenzieher, Flaschenöffner,
Küchenpapier, Müllsäcke, Feuerzeug,
Bindfaden, Schere, Klebeband,
Taschenlampe, Windlichter,
Insektenschutz, Erste-Hilfe-Tasche …

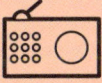

Portable Lautsprecher
für iPhone/Handy, portable
Ladestation

Speisen verpacken

Speisen in Einmach- oder
Schraubgläser oder Frisch-
haltebehälter füllen, Getränke
in Flaschen, Schraubgläser
oder Thermoskannen

Kuchen und Quiche
in der Form transportieren

Beim Verpacken
die Tipps in den Rezepten
beachten
(z.B. Dressing und Salat extra verpacken, damit der Salat knackig bleibt)

Getränke-Kalkulation
für 30 Gäste:

45 alkoholfreie Drinks,
45 x Gläser Wein,
45 Flaschen Bier

Lunchbox
to go /

Was für ein wunderbarer Mini-Luxus, in der Mittagspause selbst gemachte Lieblingsspeisen zu genießen! Zu Hause frisch vorbereitet und in Lunchboxen oder Einmachgläser verpackt, ermöglichen sie auch im stressigsten Arbeitsalltag echte Genuss-Auszeiten und machen Gaumen und Seele gleichermaßen glücklich.

Tipp_ Schmeckt noch saftiger, wenn man zusätzlich ½ Mango püriert und unterrührt, wahlweise zusätzlich auch noch ca. 100 g Mangopulpe.

Taboulé
mit Mango

Bulgur in kochendes Salzwasser geben, umrühren, 2 Minuten aufkochen lassen. Feuer abschalten, Bulgur abgedeckt 10 Minuten auf dem Herd stehen lassen. Kurz abschrecken und abseihen.

Petersilie und Minze grob hacken. Tomaten entstrunken und klein würfeln (ca. 1 x 1 cm). Mango schälen und in die gleiche Größe schneiden wie die Tomaten.

Alle Zutaten vermengen. Mit Öl, Zitronensaft, Salz und Pfeffer abschmecken. Fertig mariniert für den Transport einpacken.

Variationen_Statt Bulgur passen auch Quinoa, Reis oder Kichererbsen, dann wird das Gericht glutenfrei. Optional kann ½ klein gewürfelte lila Zwiebel hinzugefügt werden.

150 g	Bulgur
	Salz
2 Bund	Petersilie
200 g	Minze
2	Tomaten
1 reife	Mango
4 EL	Olivenöl
Saft von 1	Zitrone
	Pfeffer

Kichererbsen-Salat
mit Äpfeln & Cornichons

Kichererbsen über Nacht mit reichlich Wasser einweichen. Am nächsten Tag abseihen und gut abwaschen. In einem großen Topf in Wasser ohne Salz aufkochen. Ca. 30 Minuten kochen, bis sie weich sind. Abseihen und kalt abschrecken.

Curry in einer Pfanne unter ständigem Rühren anrösten, bis sich die Farbe verändert (ca. 2 Minuten). Mit Kokosmilch aufgießen und gut verrühren.

Äpfel nicht schälen, aber das Kerngehäuse entfernen. Äpfel klein schneiden und mit 1 EL Zitronensaft beträufeln. Cornichons blättrig schneiden.

Alle vorbereiteten Zutaten vermengen und mit Olivenöl, restlichem Zitronensaft, Salz und Pfeffer abschmecken. Fertig mariniert für den Transport verpacken.

Variationen_Sehr gut schmeckt dieses Rezept auch mit Stangensellerie, Äpfeln und gerösteten Walnüssen oder mit Mangowürfeln und frischen knackigen Zuckerschoten.

250 g	getrocknete Kichererbsen
1–2 TL	mildes Currypulver
5 TL	Kokosmilch
2	Äpfel
10	kleine Cornichons
Saft von ½	Zitrone
2 EL	Olivenöl
	Salz
	Pfeffer

///Vegetarisch///Laktosefrei///Glutenfrei bei Verwendung glutenfreier Gemüsebrühe///Vegan bei Verwendung von Ahornsirup///

Zucchini-Walnuss-Suppe

Im Sommer verbringe ich viel Zeit in unserem ungarischen Häuschen und entwickele neue Rezepte für all die Schätze, die der Gemüsegarten birgt. So ist auch diese Zucchinisuppe entstanden – es gibt nichts Inspirierenderes, als selbst gezogenes Gemüse zu verarbeiten!

Zutaten für
4 Personen

100 g	Walnüsse
1	Zwiebel
2 EL	Olivenöl
2	Knoblauchzehen
1 TL	getrockneter Thymian
2	Lorbeerblätter
500 g	Zucchini (ca. 2 Zucchini)
	Salz
100 ml	Weißwein
1 TL	Honig (Ahornsirup für die vegane Variante)
1 TL	Bio-Gemüsesuppen-pulver
	Pfeffer
1 TL	frisch geriebene Zitronenschale
4 Zweige	frischer Thymian

Walnüsse in der Pfanne oder im Ofen rösten, bis sie goldbraun sind.

Zwiebel hacken und in Olivenöl anrösten. Nach einigen Minuten Knoblauch hineinpressen, getrockneten Thymian und Lorbeerblätter hinzufügen und mitrösten. Achtung, dass der Knoblauch nicht anbrennt!

Zucchini in Scheiben schneiden und mit dem Großteil der Walnüsse zur Zwiebel geben. Salzen und ca. 5 Minuten rösten, bis die Zucchini an einigen Stellen dünkler werden und Wasser gelassen haben. Mit Wein und 750 ml Wasser ablöschen, Honig und Suppenpulver hinzufügen. Abgedeckt 20–25 Minuten köcheln lassen, bis die Zucchini weich werden.

Lorbeerblätter entfernen, Suppe mit dem Pürierstab oder dem Standmixer pürieren. Mit Salz und Pfeffer abschmecken und in Transportgefäße abfüllen. Zitronenschale, restliche Walnüsse und frischen Thymian getrennt transportieren. Suppe vor dem Servieren gut umrühren, mit Zitronenschale bestreuen, ein paar gehackte Walnüsse darüber verteilen. Mit einem Zweig Thymian kalt oder erwärmt genießen.

Variationen_Dieses Rezept funktioniert auch wunderbar mit anderen Nüssen, zum Beispiel Haselnüssen, Pekannüssen, Cashews oder Mandeln.

Bunte Zucchini machen die Suppe optisch sehr ansprechend. Statt Zucchini eignen sich auch Kürbisse.

Tipp_ Qualitativ hochwertiges Olivenöl verfeinert Suppen enorm. Einige Spritzer Olivenöl geben der fertig angerichteten Suppe eine fruchtig-nussige Note.

Zitronen behutsam reiben, am besten mit einer feinen Reibe, die nur das Gelb raspelt. Die weiße Schale enthält Bitterstoffe.

Blumenkohl-Suppe
mit Kokosmilch & Ingwer

Zwiebel klein würfeln, Blumen-kohl in kleine Röschen schneiden oder zupfen. Currypulver in einem Topf unter ständigem Rühren an-rösten, bis sich die Farbe verändert (ca. 2 Minuten). Ghee hinzufügen, Zwiebel darin glasig rösten.

Blumenkohlröschen zur Zwiebel geben, salzen und rösten, bis sie an einigen Stellen dünkler werden. Einige kleinere Stücke (ca. 4 EL) zur Seite stellen.

Mit Kokosmilch und 250 ml Wasser ablöschen. Ingwer schälen und hineinreiben, abgedeckt 30–35 Minuten köcheln lassen, bis der Blumenkohl weich wird.

Mit dem Pürierstab oder im Stand-mixer pürieren. Wenn die Suppe zu sehr eindickt, kann noch Wasser hinzugefügt werden. Mit Limetten-saft, Salz und Pfeffer abschmecken und in Transportgefäße abfüllen.

Vor dem Servieren die extra transportierten Blumenkohl-röschen auf der Suppe verteilen, die Suppe gut umrühren und kalt oder erwärmt genießen.

Variationen_Dieses Rezept schmeckt auch mit Brokkoli, Kichererbsen oder Karotten sehr gut.

Zutaten für 4 Personen

1	Zwiebel
1	Blumenkohl
2 TL	mildes Currypulver
2 EL	Ghee
	(Butterschmalz)
	(Öl für die vegane
	Variante)
250 ml	Kokosmilch
1	Ingwerstück
	(Daumengröße)
1–2 EL	Limettensaft
	Salz
	Pfeffer

Idealer Lunch zum Mitnehmen

Hühner-Tajine auf Perlencouscous

Zutaten für
4 Personen

500 g	ausgelöste Hühnerkeulen
1 Bund	Frühlingszwiebeln
1 EL	gemahlener Kreuzkümmel
1 TL	gemahlener Zimt
1 TL	Cayennepfeffer
1 TL	mildes Paprikapulver
1 EL	getrockneter Oregano
1 TL	gemahlener Koriander
ca. 10 EL	Olivenöl
250 ml	passierte Tomaten
	Salz
2	Birnen
1	mittelgroße Aubergine
350 g	Perlencouscous
	Pfeffer
4 EL	griechischer Joghurt
Petersilie	zum Garnieren

Hühnerfleisch in ca. 1 x 1 cm große Stücke würfeln. Frühlingszwiebeln bis zur Hälfte des Grünen in feine Streifen schneiden.

Kreuzkümmel, Zimt, Cayenne, Paprika, Oregano und Koriander in 2 EL Olivenöl anrösten, bis sie duften. Frühlingszwiebeln in der Mischung anschwitzen, Hühnerfleisch mitrösten, bis es rundherum Farbe angenommen hat. Falls das Fleisch in der Pfanne anklebt, Öl hinzufügen. Mit passierten Tomaten und 250 ml Wasser aufgießen, salzen und mindestens 1 Stunde köcheln lassen.

Währenddessen Aubergine auf beiden Seiten abschneiden. Diese Scheiben wegwerfen. Aubergine würfeln und reichlich salzen. 30 Minuten stehen lassen, bis die Würfel anfangen zu schwitzen. Das Wasser mit Küchenpapier abtupfen. Auberginenwürfel in kleinen Portionen in jeweils 2 EL Olivenöl auf beiden Seiten anrösten.

Couscous mit 1 Schuss Olivenöl in kochendes Salzwasser geben, umrühren, 2 Minuten aufkochen lassen. Hitze abschalten, Couscous 15 Minuten abgedeckt auf dem Herd stehen lassen. Kurz abschrecken, abseihen und zurück in den Topf geben, um ihn warm zu halten, bis der Eintopf fertig ist.

Birnen nicht schälen, aber Kerngehäuse entfernen. Birnen würfeln. In den letzten 5 Minuten Birnen- und Auberginenwürfel zum Eintopf hinzufügen und mitkochen.

Für den Transport Couscous und Eintopf getrennt einpacken. Vor dem Servieren Eintopf erwärmen, Couscous nach Wunsch kalt oder warm gut mit 1 EL Olivenöl vermengen. Eintopf auf dem Couscous anrichten. Mit Joghurt toppen, gehackte Petersilie darüber streuen und genießen.

Variationen_Schmeckt auch wunderbar mit gewürfelter Lammschulter, Lammhackfleisch oder Rindergeschnetzeltem.

Statt Birnen passen auch Äpfel, Quitten oder getrocknetes Obst wie Datteln, Feigen etc.

Tipp_ Am besten schmeckt der Eintopf, wenn er am Vortag vorbereitet wird und am Tag selber nur noch die Birnen und Auberginen hinzugefügt werden.

Die Auberginen werden gesalzen und abgetupft, um ihnen Bitterstoffe zu entziehen und weil sie sonst zu wässrig sind und ihre Konsistenz verlieren.

Sobanudeln mit
Avocado, Tomaten & Basilikum

Zutaten für
4 Personen

200 g
Sobanudeln

2 EL
helle Miso-Paste

3 EL
Tahina

Saft und Zesten
von 1 Orange

3 EL
Yuzu-Saft

Salz &
Pfeffer

1
Avocado

2
Tomaten

3 Zweige
Basilikum

1

Nudeln nach Packungsanweisung
kochen und abseihen.

2

Miso-Paste, Tahina, Orangensaft und -zesten,
Yuzu-Saft, 3 EL Wasser, Salz und Pfeffer verrühren.

3

Avocado schälen, Kern entfernen. Tomaten
entstrunken. Avocado und Tomaten würfeln. Basilikum
inkl. Stiel schneiden.

4

Für den Transport Nudeln, Dressing, Avocado und
Tomaten sowie Basilikum getrennt einpacken.
Vor dem Servieren Nudeln mit dem Dressing marinieren,
mit Avocado und Tomaten anrichten, mit
Basilikum bestreuen.

Eine frühe *Liebe*

Seit meinem sechsten Lebensjahr begleite ich meine Mutter einmal jährlich im Herbst nach Paris. Für mich war es immer eine gute Ausrede, dass ich dort meine Schulhefte kaufen musste, da wir in der französischen Schule in Wien ausschließlich Hefte mit französischer Lineatur verwenden durften.

Schon als Kind war alles, was mit Essen und Kochen zu tun hatte, für mich ein Abenteuer – umso aufregender fand ich Paris! Ich erinnere mich, dass ich mir in sehr jungen Jahren von meinem Taschengeld eine „Escargot Casserole" leistete und einige Zeit zuhause nur Schnecken zubereiten und essen wollte. Ich glaube, es wurde meinen Eltern ziemlich schnell klar, wohin das Leben mich treiben würde, auch wenn es dann ein Weg mit einigen Umwegen war.

Paris zu erleben ohne Quiches zu essen, ist nahezu unmöglich.

Paris zu erleben ohne Quiches zu essen, ist nahezu unmöglich. Ich erinnere mich nicht mehr genau an meine erste Quiche, aber ich weiß noch, dass sie für den Mini-Kritiker in mir immer zu „eiig" war. Die Idee, alle möglichen Zutaten in eine Speise zu packen und immer wieder Überraschungen zu erleben, gefiel mir hingegen extrem gut.

Für mein Restaurant fügte ich einen Klecks Mascarpone hinzu, damit die Quiche nicht nach Omelett schmeckt, und überlegte mir jeden Tag ein neues Rezept. Nach einigen Monaten fiel mir auf, dass ich noch nie eine Quiche zweimal aufgetischt hatte. So machte ich es mir zur Aufgabe, niemals eine Quiche zu wiederholen, und mittlerweile umfasst mein Archiv über 1000 Quicherezepte. Quiche eignet sich gut für den Transport und schmeckt auch kalt sehr gut. Mit ein Grund dafür, einige meiner besten Quicherezepte in diesem Buch zusammenzustellen (s. S. 26, 35, 53)!

Moussaka-Quiche

Zutaten für
1 Quiche mit
28 cm Durchmesser

Mürbteig

250 g	Mehl
125 g	Butter
1	Ei
125 ml	eiskaltes Wasser
1 Prise	Salz

Belagzutaten

1	Aubergine
	Olivenöl zum Braten
6–7	Babykartoffeln
150 g	Rinder- oder Lammhackfleisch
3	Tomaten

Eimasse

4	Eier
250	ml Sahne
250 g	Mascarpone
	Salz
	Pfeffer
	Muskatnuss
ca. 150 g	geriebener Käse (z.B. Gouda)

Alle Teig-Zutaten schnell verkneten. Teig 30 Minuten im Kühlschrank ruhen lassen. Teig ausrollen, eine Form damit auslegen und im Kühlschrank nochmals durchkühlen lassen.

Aubergine auf beiden Seiten abschneiden. Diese Scheiben wegwerfen. Aubergine in Scheiben schneiden und reichlich salzen. 30 Minuten stehen lassen, bis die Scheiben anfangen zu schwitzen. Das Wasser mit Küchenpapier abtupfen. Auberginenscheiben flach ausgelegt in einer Pfanne in jeweils 2 EL Olivenöl auf beiden Seiten anrösten und beiseitestellen.

Kartoffeln ungeschält kochen. Abseihen, schälen und in Scheiben schneiden.

Hackfleisch in einer Pfanne scharf anbraten. Tomaten in Scheiben schneiden.

Für die Eimasse alle Zutaten miteinander verrühren.

Vorbereiteten Teig mit geriebenem Käse bestreuen, der Boden sollte damit bedeckt sein. Belagzutaten darauf verteilen, mit der Eimasse übergießen.

Ca. 50 Minuten bei 200 °C im vorgeheizten Ofen backen (gegebenenfalls mit Alufolie abdecken, die letzten 10 Minuten ohne Abdeckung backen). Quiche in der Form verpacken, sie schmeckt kalt oder aufgewärmt und auch am nächsten Tag noch sehr gut.

Tipp_Teig erst aus dem Kühlschrank nehmen, wenn alle Belagzutaten vorbereitet sind, damit die Seiten der Quiche beim Backen nicht schrumpfen.

Spinat-Salat
mit Miso-Kürbis

1–2 EL Wasser verdünnen und mit dem Sesamöl ver-rühren. Mischung in die Kürbiswürfel einmassieren. Im vorgeheizten Ofen bei 200 °C 20–25 Minuten backen, bis der Kürbis weich wird.

Für das Dressing alle Zutaten verrühren. Für den Transport Kürbis, Spinat, Ricotta, Dressing und Lein-samen getrennt einpacken. Zum Servieren Kürbis auf dem gewaschenen Babyblattspinat mit Ricotta und Leinsamen anrichten. Dressing extra dazu reichen.

Variationen_Statt Kürbis kann man auch andere Gemüse verwenden, die die Miso-Paste gut aufsaugen, z.B. Süß-kartoffeln oder Karotten.

Bei den Samen sind der Phantasie keine Grenzen gesetzt, mindestens so gut schmeckt das Gericht auch mit weißem oder auch schwarzem geröstetem Sesam, Chiasamen (vorher einlegen), Sonnenblumenkernen etc.

**Zutaten für
4 Personen**

1	kleiner Kürbis (Butternuss oder Hokkaido, ca. 300 g)
2 EL	Miso-Paste
2 EL	dunkles Sesamöl
300 g	Babyblattspinat
100 g	Ricotta
2–3 EL	Leinsamen
	Dressing
Saft von ½	Zitrone
1 TL	Tahina
	dunkles Sesamöl
	nach Geschmack
	Salz
	Pfeffer

Ein unerwartet spannendes kulinarisches Trio: Popeye-Japan-Halloween

Ceasar's Salad mit
Rosenkohl & Parmesantalern

*Meine Variante dieses Salatklassikers
kommt ganz ohne Hühnerfleisch aus.
Mit saftig gebratenem Rosenkohl und
knusprigen Parmesantalern überzeugt
er nicht nur Vegetarier.*

Ciabatta grob würfeln, mit Olivenöl, Kräutern und
Fleur de Sel auf einem Blech im vorgeheizten Ofen
bei 200 °C 5–10 Minuten goldbraun rösten. Zur
Seite stellen.

Rosenkohl putzen und halbieren. In einer Pfanne
Chiliöl erhitzen, Rosenkohl darin scharf anbraten, bis
er an einigen Stellen Farbe annimmt.

Ein Backblech mit Backpapier auslegen. Parmesan
in ca. 2 x 2 cm großen Häufchen darauf verteilen,
dabei genug Abstand lassen. Im vorgeheizten Ofen bei
200 °C 5–10 Minuten backen, bis die Hügelchen zu
Talern werden. Abkühlen lassen, wenn die Taler fest
werden, vom Backpapier ablösen.

Für das Dressing alle Zutaten mit dem Stabmixer
cremig verrühren.

Römersalat putzen, waschen, trocken schleudern und
in Vierecke schneiden. In einer Schüssel mit dem
Rosenkohl mischen, mit Dressing gut marinieren. Für
den Transport Ciabatta-Würfel, Parmesantaler und
Salat getrennt einpacken. Vor dem Servieren Salat mit
den Würfeln und Talern toppen.

**Zutaten für
4 Personen**

2 Scheiben	Ciabatta
	einige Spritzer
	Olivenöl
1 EL	getrocknete Kräuter
	der Provence
2 EL	Fleur de Sel
200 g	Rosenkohl
2 EL	Chiliöl
200 g	frisch geriebener
	Parmesan
1	großer Römersalat
	Dressing
2 EL	Dijonsenf
2 EL	frisch geriebener
	Parmesan
100 ml	Olivenöl
Saft von ½	Zitrone
1 EL	Weißweinessig
	Salz
	Pfeffer

Quinoa mit Balsamico-Pilzen

185 g	Quinoa
	Salz
250 g	Champignons
	(weiße oder braune)
1–2 EL	dunkler Balsamico
1 Handvoll	Babyblattspinat
3 EL	Mandelsplitter
	Dressing
Saft von ½	Zitrone
2–3 EL	körniger Senf
	auf Dijon-Basis
	Olivenöl nach
	Geschmack
	Salz
	Pfeffer

Quinoa in kochendes Salzwasser geben, umrühren, 15 Minuten köcheln lassen. Abseihen und abschrecken. Zur Seite stellen und abkühlen lassen.

Champignons blättrig schneiden, in einer heißen Pfanne schnell anrösten und mit Balsamico-Essig ablöschen.

Mandelsplitter im Ofen oder in der Pfanne rösten, bis sie Farbe bekommen.

Für das Dressing alle Zutaten mit dem Stabmixer cremig pürieren. Quinoa und Champignons gut darin marinieren. Für den Transport Quinoa und Champignons, Babyspinat und Mandelsplitter getrennt einpacken. Vor dem Servieren Babyspinat unter das Quinoa mischen, mit gerösteten Mandelsplittern dekorieren.

Tipp_ Champignons lassen viel Wasser, wenn
man beim Braten Salz dazugibt. Je nachdem,
welchen Effekt ich erzielen möchte, salze
ich sie beim Zubereiten oder auch nicht.
Wenn meine Pfanne zu voll ist und ich keinen
Platz habe, um die Pilze zu wenden, greife
ich beispielsweise zum Salz. Sonst salze ich,
nachdem sie fertig gebraten sind.

Indoor-*Picknick*

Eine Picknickdecke im Wohnzimmer ausbreiten, Kissen rundherum verteilen und es kann losgehen mit dem privaten Picknick in den eigenen vier Wänden. Gemütlich schlemmen an dem Ort, der genau so eingerichtet ist, wie man es am liebsten mag – dafür muss es draußen gar nicht regnen!

Quiche mit
Prosciutto & Feigen

Mir liegt sehr viel daran, alles an der Quiche selber zu machen, und ich empfehle, auch den Mürbteig selber herzustellen. Es ist einfach nicht dasselbe, fertigen Teig zu verwenden. Der Unterschied ist wirklich gravierend!

Alle Teig-Zutaten schnell verkneten. Teig 30 Minuten im Kühlschrank ruhen lassen. Teig ausrollen, eine Form damit auslegen und im Kühlschrank nochmals durchkühlen lassen.

Für die Eimasse alle Zutaten miteinander verrühren.

Feigen in Spalten schneiden, Mozzarella zupfen.

Vorbereiteten Teig mit geriebenem Käse bestreuen, der Boden sollte damit bedeckt sein. Mit Mozzarella bestreuen, Schinken und Tapenade darauf verteilen, mit der Eimasse übergießen.

Ca. 50 Minuten bei 200 °C im vorgeheizten Ofen backen (gegebenenfalls mit Alufolie abdecken, die letzten 10 Minuten ohne Abdeckung backen). Mit den Feigenspalten belegen.

Zutaten für
1 Quiche mit 28 cm
Durchmesser

	Mürbteig
250 g	Mehl
125 g	Butter
1	Ei
125 ml	eiskaltes Wasser
1	Prise Salz
	Eimasse
4	Eier
250 ml	Sahne
250	Mascarpone
	Salz
	Pfeffer
	Muskatnuss
ca. 150 g	geriebener Käse (z.B. Gouda)
	Belagzutaten
3	frische Feigen
1 Kugel	Mozzarella
4–5 Scheiben	Prosciutto
3 EL	Oliventapenade (S. 72)

Lammbällchen mit
Rote-Rüben-Hummus

Als ich in meinem Restaurant zum ersten Mal meine Lieblingsspeise Lammbällchen anbot, erlebte ich eine Überraschung: Ich verkaufte kein einziges Lammbällchen. Ich blieb hartnäckig, setzte sie in allen möglichen Variationen auf die Karte und ließ Gäste kostenlos probieren. Und siehe da: Sie liebten sie! Wenn wir heute, fünf Jahre später, Lammbällchen anbieten, sind sie als Erstes ausverkauft.

Zutaten für
4 Personen

Lammbällchen

1 Bund +1 EL	Petersilie
4 EL +1 EL	gehobelte Mandeln
500 g	Lammhackfleisch
1	Ei
1 EL	Reismehl
1 EL	Sambal Oelek
	Salz
	Pfeffer

Hummus

200 g	getrocknete Kichererbsen
1	kleine rote Rübe
2 EL	Olivenöl
Saft von 1	Zitrone
1 KL	gemahlener Kreuzkümmel
	Salz
	Pfeffer
1 EL	Tahina
	schwarzer Sesam zum Bestreuen

Kichererbsen über Nacht mit reichlich Wasser einweichen. Am nächsten Tag abseihen und gut abwaschen. In einem großen Topf in Wasser ohne Salz aufkochen. Ca. 30 Minuten kochen, bis sie weich sind. Abseihen und kalt abschrecken, abkühlen lassen.

Rote Rübe schälen und kochen. Abgießen und abkühlen lassen.

Petersilie waschen und hacken. Mandeln im Ofen oder in der Pfanne goldbraun rösten. Alle Zutaten für die Bällchen gut vermengen, relativ stark würzen. Mit dem Pfeffer nicht sparen! Eventuell für einige Stunden mit einer Folie bedeckt kühl stellen, damit die Fleischmasse durchziehen kann.

Kleine Kugeln formen. Auf ein geöltes Blech legen und ca. 20 Minuten bei 200 °C im vorgeheizten Ofen braten.

Abgekühlte Kichererbsen mit der roten Rübe, Öl, Zitronensaft, Kreuzkümmel, Salz, Pfeffer, Tahina und ca. 5–6 EL Wasser pürieren. Genügend Wasser hinzufügen, damit der Hummus cremiger wird. Mit Sesam bestreuen.

Lammbällchen mit Petersilie und Mandeln bestreuen. Die Bällchen schmecken warm ebenso gut wie kalt.

Tipp_ Rote Rüben am besten mit Plastik-Handschuhen schälen, da sie sehr stark abfärben. Falls man doch ein paar Spritzer abbekommt: Mit Zitronensaft löst sich die Farbe am besten!

Kichererbsen nie salzen, während sie kochen, da sich sonst ihre Schale löst. Schale und Erbsen zu sortieren ist eine endlose Arbeit.

Walnusskuchen mit gerösteter Tomatensauce

In einer Rührschüssel Mehl mit Backpulver, Eiern, 100 ml Öl, Milch, Salz und Pfeffer verrühren.

Roquefort zerbröseln, die Rosmarinnadeln zupfen und hacken und mit den Walnüssen unter die Teigmasse heben.

Masse in eine gebutterte und bemehlte Kastenform füllen und 1 Stunde bei 180 °C im vorgeheizten Ofen backen. 10 Minuten auskühlen lassen, dann aus der Form stürzen.

Während der Kuchen bäckt, Tomaten in einer ofenfesten Form ebenfalls in den Ofen geben und ca. 45 Minuten mitrösten, bis sie zusammenfallen bzw. Farbe annehmen. Mit Olivenöl, Salz und Pfeffer mit dem Stabmixer pürieren.

Variationen_Deftiger wird der Kuchen mit ausgelassenen Speckwürfeln. Verfeinern kann man ihn auch mit frischen Kräutern, zum Beispiel Thymian, Oregano oder Salbei. Eine weitere Möglichkeit sind Chorizo und schwarze Oliven. Der Phantasie beim Kombinieren sind hier keine Grenzen gesetzt, probieren Sie aus, was Ihnen am besten schmeckt.

Zutaten für 1 Kastenform mit 20–25 cm

200 g	Mehl
1 TL	Backpulver
3	Eier
100 ml + 1–2 EL	Olivenöl
100 ml	Milch
	Salz
	Pfeffer
130 g	Roquefort
2 Zweige	Rosmarin
30 g	Walnüsse
Butter und Mehl	für die Form
5	mittelgroße Tomaten

Tipp_Lässt sich perfekt am Vortag vorbereiten und in einem Küchentuch eingewickelt aufbewahren.

Couscoussalat mit
Curry-Äpfeln & Okras

Ich liebe die englische Bezeichnung für Okras: „Lady-fingers". Genauso empfinde ich dieses elegante Gemüse: wie Damenfinger, die von außen aussehen wie eine herkömmliche Bohne und innen eine Überraschung verbergen.

**Zutaten für
4 Personen**

200 g	Couscous
	Olivenöl fürs Couscous, zum Braten & Marinieren
	Salz
2	Äpfel
1–2 TL	mildes Currypulver
3 EL	Kokosmilch
1 Handvoll	Minze
ca. 15	Okras
Saft von ½	Zitrone
	Pfeffer

Tipp_ Den Stängel nicht von den Schoten lösen, da die Okras sonst sehr schleimig werden.

Couscous in eine hitzebeständige Schüssel füllen, mit den Händen ca. 2 EL Olivenöl einmassieren. Mit kochendem Salzwasser übergießen, bis das Wasser ca. 2 daumenbreit höher steht als der Couscous. Abdecken und ca. 15 Minuten ziehen lassen, bis das Wasser eingezogen ist. Mit einer Gabel auflockern, damit der Dampf entweichen kann.

Äpfel nicht schälen. Kerngehäuse entfernen, Fruchtfleisch klein würfeln und zur Seite stellen.

Currypulver in einer Pfanne unter ständigem Rühren ca. 2 Minuten anrösten, bis sich die Farbe verändert. Mit Kokosmilch aufgießen und gut verrühren. Apfelwürfel darin wenden.

Okras waschen und im Ganzen in einer Pfanne auf einigen Spritzern Olivenöl anbraten. Erst wenn sie ein wenig abgekühlt sind, in Scheiben schneiden. Die Minzblätter hacken.

Alle vorbereiteten Zutaten vermengen. Mit Olivenöl, Zitronensaft, Salz und Pfeffer abschmecken.

Pinker Linsensalat

Ich verwende nie Lebensmittelfarbe und freue mich immer wieder, wenn Speisen selber Farbe geben können. Mit roten Rüben kann man nicht nur Ostereier färben, sondern auch braunen Linsen einen Farbklecks verpassen. Ein wunderbares Rezept, wenn die meisten Sommer- und Herbst-Gemüsesorten in den Winterschlaf versetzt werden und Rüben Hochsaison haben!

Die Linsen über Nacht in reichlich Wasser einweichen. Am nächsten Tag gut abspülen, in reichlich Wasser ca. 30 Minuten bissfest kochen. Abseihen und abschrecken.

Rote Rüben schälen, in Salzwasser ca. 30 Minuten kochen. Abgießen und würfeln. Die Hälfte der Würfel mit dem Joghurt pürieren, bis der Joghurt schön pink wird. Wenn er noch Farbe brauchen kann, Rübenanteil anpassen.

Liebstöckel zupfen. Alle vorbereiteten Zutaten vermengen und mit Kreuzkümmel, Olivenöl, Zitronensaft, Salz und Pfeffer abschmecken.

Variationen_Auch andere Linsensorten eignen sich gut für diesen Salat, zum Beispiel Belugalinsen oder rote Linsen, die nicht über Nacht eingeweicht werden müssen und am Tag selber gekocht werden können.

Für eine vegane Variante einfach den Joghurt weglassen und stattdessen die Rüben mit 1 EL Tahina, Wasser und Olivenöl pürieren.

Zutaten für 4 Personen

300 g	getrocknete grüne Linsen
2	mittelgroße rote Rüben
	Salz
4 EL	griechischer Joghurt
1 Handvoll	Liebstöckel
1 TL	gemahlener Kreuzkümmel
	Olivenöl zum Marinieren
2 EL	frisch gepresster Zitronensaft
	Pfeffer

Süßkartoffel-Apfel-Salat
mit Macadamianüssen

Die Süßkartoffel und ich stehen in einer Liebesbeziehung zueinander. Eine der Bedingungen dieser Beziehung ist leider, dass sie unglaublich hartnäckig sind, sich nicht leicht schälen lassen und das Hacken dieser süßen Knollen sich als ein eher brutaler Akt entpuppt. Ich verwende dafür ein Küchenbeil, das zum Zerteilen von Knochen gedacht ist. Das Geheimnis ihrer Zubereitung: Sie lieben es lange heiß, also nicht ungeduldig werden!

Zutaten für 4 Personen

4	mittelgroße Süßkartoffeln
4	Äpfel
	Olivenöl nach Geschmack
	Salz
	Pfeffer
100 g	Macadamianüsse
2–3 EL	Dijonsenf
	Zitronensaft nach Geschmack

Süßkartoffeln schälen und in Schiffchen schneiden. Äpfel nicht schälen, aber das Kerngehäuse entfernen. Fruchtfleisch ebenfalls in Schiffchen schneiden.

Süßkartoffeln und Äpfel auf ein Backblech geben, mit Öl, Salz und Pfeffer würzen und 50 Minuten bei 200 °C im vorgeheizten Ofen rösten.

Macadamianüsse in der Pfanne oder im Ofen rösten.

Süßkartoffeln und Äpfel kurz auskühlen lassen. Dijonsenf mit Zitronensaft und Olivenöl anrühren und darüber verteilen. Mit den Nüssen dekorieren.

Lebkuchen-Nougat-Mousse

Zutaten für 4 Personen

250 g Kochschokolade	**3** Eier	**60 g** Zucker	**300 ml** Sahne	**½ TL** Lebkuchengewürz	Schokoladen-raspeln

+ Sahne zum Dekorieren

1

Schokolade in Stücke brechen und schmelzen.

2
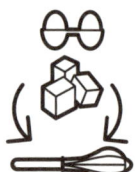

Eier und Zucker mit einem Schneebesen schlagen, bis die Mischung weiß wird.

3

Mit einem Metalllöffel mit der Schokolade vermengen, Lebkuchen-gewürz unter-rühren.

4

300 ml Sahne schlagen und unterheben.

5

In Tassen oder Dessertschalen füllen, 2 Stunden in den Kühl-schrank stellen.

6

Mit Sahne-häubchen und Schokoraspeln garniert servieren.

Kürbis-Karamell-Cupcake mit
Kardamom-Frischkäse

Kürbis schälen, entkernen, Fruchtfleisch zerteilen und ca. 50 Minuten im vorgeheizten Ofen bei 200 °C backen, bis es weich wird. Auskühlen lassen. Mit einem Stabmixer pürieren.

Butter in einer Pfanne erhitzen, bis sie aufkocht und ein wenig braun wird.

Mehl, Backpulver, Salz, Zimt, Muskatnuss und Nelken vermengen. In einer zweiten Schüssel Kürbispüree, Zucker, Eier und Butter verrühren. Mehlmischung unterheben, bis alles vermengt ist.

Cupcakeformen ausbuttern und bemehlen, mit je 1 Karamellbonbon bestücken. Kuchenmasse auf ⅔ Höhe einfüllen und 20–25 Minuten bei 160 °C im vorgeheizten Ofen backen, bis ein Zahnstocher aus den Cupcakes herausgezogen werden kann, ohne dass Kuchenreste daran haften bleiben. Aus dem Ofen nehmen und abkühlen lassen.

Für das Frosting Butter so lange mit dem Puderzucker schlagen, bis sie weiß und flaumig ist. Frischkäse und Kardamom einrühren.

Abgekühlte Cupcakes mit dem Topping, Kürbismarmelade und Hirsepops dekorieren.

Zutaten für 10 Cupcakes

1	kleiner Kürbis (benötigt werden 250 g geröstetes Fruchtfleisch)
125 g	Butter
120 g	Mehl
1 TL	Backpulver
½ TL	Salz
½ TL	gemahlener Zimt
½ TL	frisch geriebene Muskatnuss
½ TL	gemahlene Nelken
130 g	brauner Zucker
2	Eier (Raumtemperatur)
	Butter und Mehl für die Formen
12	Butterkaramell-Bonbons

Frosting

80 g	Butter (Zimmertemperatur)
70 g	Puderzucker
100 g	Frischkäse (Zimmertemperatur)
1 TL	gemahlener Kardamom

Kürbismarmelade und Hirsepops zum Dekorieren

Picknick
Friends &
Family

Picknick ganz klassisch: ein Sonn-
tagnachmittag im Park mit Familie
und Freunden – was gibt es Schöneres, als den gemeinsamen Genuss
ins Freie zu verlegen? Picknickkorb
mit feinen Leckereien befüllen,
Picknickdecke einpacken, raus aus
den vier Wänden und ab ins Grüne.
Frische Luft weckt den Appetit und
die ungezwungene Atmosphäre lädt
zum entspannten Plaudern ein.

Mini-Quiches mit Kürbis & Äpfeln

Alle Teig-Zutaten schnell verkneten. Teig 30 Minuten im Kühlschrank ruhen lassen. Teig ausrollen, 8 Mini-Tarte-Ringe oder 24 Mini-Muffinförmchen damit auslegen. Im Kühlschrank nochmals durchkühlen lassen.

Für die Eimasse alle Zutaten miteinander verrühren.

Kürbis schälen und würfeln. Apfel nicht schälen, aber Kerngehäuse entfernen. Das Fruchtfleisch würfeln. Mozzarella in kleine Stücke zupfen.

Vorbereiteten Teig mit geriebenem Käse bestreuen, der Boden sollte damit bedeckt sein. Belagzutaten darauf verteilen, mit der Eimasse übergießen.

Quiche ca. 50 Minuten im auf 200 °C vorgeheizten Ofen backen (gegebenenfalls mit Alufolie abdecken, die letzten 10 Minuten ohne Abdeckung backen).

Mit etwas Basilikum garnieren. Schmeckt warm und kalt.

Zutaten für 8 Mini-Quiche mit 10 cm Durchmesser oder 24 „Nano-Quiches"

Mürbteig
250 g Mehl
125 g Butter
1 Ei
125 ml eiskaltes Wasser
1 Prise Salz

Eimasse
2 Eier
125 ml Sahne
125 g Mascarpone
Salz
Pfeffer
Muskatnuss

ca. 150 g geriebener Käse (z.B. Gouda)

Belagzutaten
200 g Kürbis
1 Apfel
1 Kugel Mozzarella
Basilikum zum Garnieren

Quinoasalat mit gerösteten Trauben & Halloumi

Zutaten für 4 Personen

200 g	Quinoa
	Salz
200 g	Weintrauben
	(weiß oder rot)
100 g	Halloumi
1 Handvoll	Basilikum
	Dressing
Saft von ½	Zitrone
	Olivenöl nach
	Geschmack
	Salz
	Pfeffer

Tipp_Wenn Trauben gerade nicht im Saison-angebot zu finden sind, können auch Birnen, Äpfel, Granatapfel oder Trockenobst wie Cran-berrys oder getrocknete Sauerkirschen verwendet werden.

Bis vor ein paar Jahren war Quinoa in Wien kaum bekannt. Wenn ich es in meinen Restaurants Gästen erkläre, beginne ich immer mit dem Satz: „Quinoa wird auch Inka-Gold genannt und kommt ursprünglich aus Lateinamerika." Das klingt so mysteriös und spannend, dass auch Skeptiker neugierig werden. Eines ist sicher: Quinoa ist für Glutenallergiker ein Segen und für alle eine wunderbare Abwechslung zu Reis.

Quinoa in kochendes Salzwasser geben, umrühren, 15 Minuten köcheln lassen. Abseihen und abschrecken. Zur Seite stellen und abkühlen lassen.

Weintrauben ca. 5–10 Minuten bei 180 °C im vorge-heizten Ofen rösten, bis sie leicht einfallen.

Halloumi klein schneiden und in einer beschichteten Pfanne auf beiden Seiten goldbraun anrösten.

Für das Dressing alle Zutaten mit dem Stabmixer cremig rühren. Quinoa, Weintrauben und Halloumi gut damit marinieren. Mariniert verpacken.

Zum Servieren Salat mit dem gezupften Basilikum dekorieren.

Schokoladenkuchen mit
Salz-Karamell

Wasser aufkochen und mit dem Kakao zu einer geschmeidigen Masse verrühren. Vanillemark auskratzen und hinzufügen. Zur Seite stellen, bis die Kakaomasse auskühlt.

Olivenöl mit Zucker und Eiern mindestens 3 Minuten schlagen, bis eine sehr helle, dickflüssige, aber doch luftige Masse entsteht.

Bei geringerer Mixergeschwindigkeit Kakao, Mandeln, Backpulver und Salz in die Ei-Öl-Mischung einrühren.

Teig in die mit Olivenöl ausgepinselte Backform füllen. 40–45 Minuten bei 170 °C im vorgeheizten Ofen backen. Kurz abkühlen lassen, aus der Form lösen. Für den Transport erwärmten und mit etwas Wasser verdünnten Karamell und Kuchen getrennt einpacken. Mit Karamell beträufelt servieren.

Zutaten für
1 runden Kuchen
mit 22 cm Durch-
messer

200 ml	Wasser
6 EL	Kakaopulver (ungesüßt)
Mark von 1	Vanillestange
200 g	Olivenöl
225 g	Zucker (extrafein)
3	große Eier
180 g	geriebene Mandeln
½ TL	Backpulver
Prise	Salz
	Olivenöl für die Form
etwas	Karamell (S. 75)

Gegensätze ziehen sich an,
hier sind sie ganz verliebt:
Schokolade und Olivenöl

Mini-Granola-Apfel-Crumble

Zutaten für
ca. 8 Mini-
Crumbles

3 EL	Butter
100 g	hausgemachtes Granola (S. 75)
2 EL	Mehl
3 EL	brauner Zucker
3	bissfeste Äpfel, z.B. Fuji oder Gala
2 EL	frisch gepresster Zitronensaft
1 TL	Lebkuchengewürz Butter für die Formen
8 TL	saure Sahne Minze zum Dekorieren

Ich liebe es, Reste zu verwerten bzw. vorhandene Rezepte in neue Rezepte zu integrieren. Der Granola-Crumble ist ein gutes Beispiel dafür. Ein perfektes Rezept, wenn man noch Granola übrig hat und schnell ein Dessert zaubern will.

Butter schmelzen, Granola, 1 EL Mehl und 1 EL braunen Zucker darin wenden, bis der Zucker schmilzt. Zur Seite stellen.

Äpfel schälen und entstrunken, das Fruchtfleisch in Würfel schneiden. Mit Zitronensaft, Lebkuchen-gewürz und dem restlichen Zucker vermengen, 5–7 Minuten köcheln lassen, bis die Äpfel Wasser lassen. Restliches Mehl unterrühren.

Kleine Backformen buttern. Äpfel einfüllen, Granola darüber verteilen, ca. 30–35 Minuten im auf 175 °C vorgeheizten Ofen backen.

Für den Transport leicht abgekühlte Crumbles und saure Sahne getrennt einpacken. Crumbles mit einem Klecks saurer Sahne und Minze dekoieren.

Variationen_Statt Äpfeln kann auch anderes Obst verwendet werden wie Birnen, Quitten, Kirschen, Nektarinen, Zwetsch-gen oder Aprikosen. Rhabarber ist ebenfalls eine tolle Alter-native. Dafür sollte man die Zuckermenge anpassen, sonst wird der Crumble zu sauer.

Prosciutto-Tarte mit Zucchini & getrockneten Tomaten

Alle Teig-Zutaten schnell verkneten. Teig 30 Minuten im Kühlschrank ruhen lassen.

Teig ausrollen, auf ein mit Backpapier ausgelegtes Blech legen. Im Kühlschrank nochmals durchkühlen lassen (wenn das Blech zu groß ist, Teig direkt auf dem Papier in den Kühlschrank legen).

Zucchini in Scheiben schneiden und an beiden Seiten in einer Pfanne in etwas Olivenöl anrösten.

Vorbereiteten Teig mit Zucchini, Prosciutto und getrockneten Tomaten belegen. Eier und Ricotta verrühren und mit einem Löffel darüber verteilen.

Ca. 50 Minuten bei 200 °C im vorgeheizten Ofen backen. Mit Rucola garnieren. Schmeckt warm oder kalt.

Zutaten für
1 Blech

	Mürbteig
250 g	Mehl
125 g	Butter
1	Ei
125 ml	eiskaltes Wasser
1	Prise Salz
	Belagzutaten
1	Zucchini
	Olivenöl zum Anrösten
100 g	Prosciutto
100 g	getrocknete Tomaten in Öl
2	Eier
3 EL	Ricotta
	Rucola zum Garnieren

Am

liebsten mag ich es,
wenn fürs Picknick
die ganze Familie
zusammenkommt und
alle gemeinsam im
Grünen schlemmen.

Köstlichkeiten *zum Verschenken*

Ein mit selbst gemachten Köstlichkeiten gefüllter Geschenkkorb ist für jede Gelegenheit ein passendes Geschenk, vom Geburtstag bis zur Hochzeit oder einfach so als Aufmerksamkeit oder Dankeschön für eine Einladung.

Damit die Beschenkten lange Freude an den hausgemachten Spezialitäten haben, empfehle ich, im Sommer darauf zu achten, dass einige der Leckereien kühl aufbewahrt werden sollten.

Mohnpesto

Es gibt Zutaten, die völkerverbindend sind: So wie Hummus den Nahen Osten kulinarisch vereint, ist Mohn das kulturelle Bindeglied der Böhmisch-Österreichischen Küche. In der ungarischen Patisserie steht Mohn oft im Vordergrund. Er eignet sich aber auch wunderbar für salzige Speisen. Was die Italiener können, können wir auch: Hier das Rezept für selbstgemachtes Mohnpesto!

Zutaten für
2 Gläser je
ca. 200 ml

3 EL	Mandeln
160 g	ungemahlener Mohn
80 g	Parmesan
120 ml	Olivenöl + Öl für den
	Spiegel
	Salz
	Pfeffer

Mandeln in einer Pfanne oder im Ofen rösten.

Mohn in einer Pfanne rösten. Entweder mit einer traditionellen Mohnreibe oder mit dem Blender mahlen. Es muss so lange gemahlen werden, bis das Öl aus dem Mohn austritt und er glänzend-feucht wird. Dafür muss er evtl. zweimal durch die Reibe.

Mit den restlichen Zutaten im Blender zu einer cremigen Masse verarbeiten. Falls sie zu dickflüssig wird, Wasser hinzufügen.

Mohnpesto in ausgekochte Gläser füllen, mit einem Olivenölspiegel bedecken, verschließen und kühl aufbewahren. Innerhalb von 2 Wochen aufbrauchen.

Tipp_Mohnpesto lässt sich vielseitig einsetzen. Es passt perfekt zu Pasta, zu gekochter Parmesan-Polenta oder auch zur Käseplatte. Oder man streicht es auf eine Scheibe Baguette und gratiniert sie wie Crostini mit einem Stückchen Ziegenkäse.

Hausgemachtes Harissa

Zutaten für
2 Gläser je
ca. 200 ml

100 g	getrocknete Chiliflocken
¼ TL	ganzer Kümmel
¼ TL	ganze Fenchelsamen
¼ TL	gemahlener Kreuzkümmel
¼ TL	gemahlener Koriander
¼ TL	getrocknete Minze
¼ TL	getrockneter Oregano
¼ TL	getrockneter Thymian
¼ TL	gemahlener Kardamom
¼ TL	gemahlene Nelken
¼ TL	gemahlener Zimt
150 g	getrocknete Tomaten in Öl
2 TL	grobes Meersalz
6 EL	Olivenöl + Öl für den Spiegel

Chiliflocken mit 4 EL kochendem Wasser übergießen und kurz stehen lassen.

Alle Gewürze bis auf das Salz gemeinsam in einer Pfanne anrösten, bis sie duften.

Alle Zutaten in einem Blender zerkleinern, bis eine homogene Masse entsteht. In heiß ausgewaschene Einmachgläser abfüllen. Mit Olivenöl bedecken und gut verschließen. Kühl lagern.

Parmesan-Cracker

Zutaten für
2–3 Säckchen

100 g	Parmesan
2 TL	frische Rosmarinnadeln
100 g	Quinoa
30 g	Chiasamen
100 g	Leinsamen
2	Eier
2 TL	Fleur de Sel

Parmesan reiben. Rosmarin sehr fein hacken. Alle Zutaten bis auf das Salz miteinander vermengen.

Auf einem Backpapier die Masse mit einem Nudelholz sehr dünn ausrollen und mit dem Fleur de Sel bestreuen. Mit einem scharfen Messer kleine viereckige Cracker einschneiden.

Backpapier mit den Crackern vorsichtig auf ein Backblech heben. 10–15 Minuten bei 200 °C im vorgeheizten Ofen backen, bis einige Stellen dünkler sind und die Masse erhärtet. Cracker noch warm auseinanderbrechen. Auskühlen lassen und in Cellophansäckchen verpacken.

Variationen_Zu diesem Rezept passen alle Samen und Nüsse: schwarzer oder weißer Sesam, Schwarzkümmel, Sonnenblumenkerne, geriebene Mandeln etc.

Auch bei den Kräutern sind je nach persönlichem Geschmack unterschiedlichste Variationen möglich, ich mag z.B. Thymian, Oregano oder Salbei.

Tipp_Hält sich im Kühlschrank 3 Wochen. Passt perfekt zu Hummus, zu gegrilltem Steak, als „Rub" für ein Grill-Hühnchen oder einfach als Dip.

Tipp_ Die Cracker schmecken solo sehr lecker und passen wunderbar zu Käse, zu Mohnpesto (S.67) oder Harissa (s. oben links).

Zitronen-Orangen-Eisteesirup

Wer je Minze angepflanzt hat, weiß, dass sie andere Pflanzen rücksichtslos verdrängt. Meine Empfehlung, um die Minz-Invasion zurückzudrängen: ernten und zu diesem wunderbar erfrischenden Sirup verkochen. Funktioniert natürlich auch mit gekaufter Minze.

Zitronen- und Orangenschalen reiben. Früchte auspressen. Saft mit allen angegebenen Zutaten in einem Topf aufkochen. Ca. 45 Minuten bedeckt köcheln lassen. Nach Wunsch durch ein Küchentuch sieben oder ungefiltert heiß in ausgekochte Flaschen füllen.

Mit der folgenden Anleitung oder diesem Buch verschenken: 2 EL Sirup, 1 Zweig Minze und Eiswürfel in ein Glas füllen, mit ca. 150 ml gekühltem Schwarztee aufgießen.

Variationen_Der Sirup kann auch mit Prosecco aufgespritzt oder als Kuchenglasur verwendet werden. Ich liebe auch Grüntee-Eistees, Rooibos- oder weißer Tee eignen sich ebenso gut.

Zutaten für ca. 300 ml Sirup

2	unbehandelte Zitronen
3	unbehandelte Orangen
2 Handvoll	Minze
200 g	Gelierzucker
½ l	Wasser
2 TL	Kardamom

Tipp_
Luftdicht verschlossen hält der Sirup ca. 1 Jahr.

Das perfekte Mitbringsel zu jeder Feier!

Oliventapenade

Zutaten für
1–2 Gläser zu je ca. 200 ml

300 g	**25 g**	**1 TL**	**4 EL**
schwarze Oliven ohne Kern	Sardellenfilets aus der Dose	Tomatenmark	Olivenöl

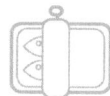

+ Öl für den Spiegel

50 g	**4**	**2 Zweige**	Salz & Pfeffer
Mandeln	getrocknete Tomaten in Öl	Basilikum	

1

Alle Zutaten im Blender gut zerkleinern, mit Salz und Pfeffer abschmecken.

2

In ausgekochte Gläser einfüllen. Mit Olivenöl abdecken und verschließen.

3

Gekühlt lagern.

Butterscotch-**Karamell**

Puderzucker in einer Pfanne schmelzen lassen. Dabei mit einem Kochlöffel ständig rühren, immer wieder von der Flamme nehmen, wenn er
zu schnell schmilzt.

Wenn keine Klumpen mehr da sind, zu einem Schneebesen wechseln,
wenn mit einer beschichteten Pfanne gearbeitet wird, dann einen gum-
mierten Schneebesen verwenden. Butter und Sahne hinzufügen
und energisch verrühren. Achtung, Verbrennungsgefahr!

Von der Flamme nehmen. Wenn das Karamell ein wenig abgekühlt ist,
Salz hinzufügen.

Noch warm in heiß ausgewaschene Einmachgläser abfüllen und
gut verschließen.

200 g	Puderzucker
4 EL	Butter (Zimmertemperatur)
110 ml	Sahne (Zimmertemperatur)
1 TL	Fleur de Sel

Tipp_Hält sich im
Kühlschrank ca. 2 Wochen.
Vor der Verwendung
auf Zimmertemperatur
bringen.

Hausgemachtes Granola

Alle Zutaten bis auf die Cranberrys gut miteinander verrühren.

Mindesten 1 Stunde bei 120 °C im vorgeheizten Ofen rösten.
Immer wieder mit einem Löffel wenden, bis das Müsli goldbraun
ist. Abkühlen lassen.

Wenn das Granola abgekühlt ist, die Cranberrys unterrühren.

300 g	Haferflocken
2 EL	Walnüsse
2 EL	Haselnüsse
1 EL	Kürbiskerne
2 EL	blanchierte Mandeln
1 EL	Sonnenblumen-kerne
5 EL	naturtrüber Apfelsaft
1 ½ TL	gemahlener Zimt
1 TL	gemahlener Kardamom
1 EL	Haselnuss- oder Walnussöl
3 EL	getrocknete Cranberrys

Ofengeröstete Salzmandeln

400 g	Mandeln
2 EL	Olivenöl
3 EL	Meersalz

½ l Wasser in einem Topf zum Kochen bringen. Mandeln mit dem Wasser übergießen. 10 Minuten einweichen lassen.

Mandeln aus der Schale drücken und auf ein Backblech legen. Mit Olivenöl beträufeln, mit Salz bestreuen und ca. 15–20 Minuten bei 200 °C im vorgeheizten Ofen backen.

Tipp_ Wer sich das Blanchieren ersparen will, verwendet fertig blanchierte Mandeln.

Kürbis-Zitronen-Marmelade

1	kleiner Kürbis (Hokkaido oder hellgrüne Sorten)
2	unbehandelte Zitronen
ca. 200 g	Gelierzucker
Mark von 1	Vanilleschote

Kürbis schälen, entkernen und das Fruchtfleisch würfeln. Die Zitronenschale reiben, Zitronen auspressen. Schale und Saft mit allen anderen Zutaten aufkochen.

Geliertest machen, wenn die Marmelade noch nicht geliert, länger kochen bzw. weiteren Zucker hinzufügen.

Heiß in ausgekochte Gläser einfüllen und gut verschließen.

KÜRBIS JAM

Sunday
Hangover

Ein gemütlicher Sonntagvormittag nach einer langen durchtanzten Nacht. Da gibt es nichts Schöneres als frische und abwechslungsreiche Snacks, die sich gut vorbereiten lassen und auch im Bett verspeist werden können!

Hausgemachtes Granola
auf Joghurt mit Beeren

Ein wunderbares Frühstück, das sättigt, ohne im Magen zu liegen. Man muss nur aufpassen, dass nichts ins Bett kippt!

Zutaten für
4 Personen

280 g	Joghurt
80 g	saure Sahne
2 EL + 4 TL	Akaziensirup
8 EL	hausgemachtes Granola (S. 75)
1 Handvoll	frische Beeren (z.B. Himbeeren, Brombeeren)

Joghurt mit saurer Sahne und 2 EL Akaziensirup verquirlen.

4 Gläser oder Schälchen bis zur Hälfte befüllen. Je 2 EL abgekühltes Granola darauf verteilen. Mit Beeren bestreuen, mit je 1 TL Akaziensirup beträufeln.

Variationen_Statt Akaziensirup eignen sich auch andere Sirupgeschmacksrichtungen, zum Beispiel Holundersirup oder Ahornsirup.

Statt Beeren passen auch Granatapfelkerne sehr gut.

Hausgemachte Nuss-Nougat-Creme

**Zutaten für
2 Gläser zu je
ca. 200 ml**

200 g	Nougat-Schokolade
100 g	dunkle Kuvertüre
90 g	gezuckerte Kondensmilch
2 EL	Honig
2 EL	Walnussöl oder Haselnussöl
ca. 50 ml	Wasser

Schokolade und Kuvertüre in Stücke brechen und über einem Wasserbad schmelzen. Kondensmilch, Honig und Öl einrühren.

Wasser nach Gefühl hinzufügen, es macht die Creme geschmeidiger (sie erhärtet beim Auskühlen). Creme noch warm in heiß ausgespülte Einmachgläser abfüllen und gut verschließen. Sie ist ca. 20–30 Minuten nach der Herstellung verwendbar.

Mango-Lassi mit Safran & Pistazien

**Zutaten für
2 Gläser zu je
ca. 200 ml**

1 Päckchen	Safran
2 EL	Milch
150 g	Mangopulpe
200 g	Joghurt
100 ml	Milch
50 ml	frisch gepresster Orangensaft
½ EL	gemahlener Kardamom
1 EL	geschälte, gehackte Pistazien

Safran 2 Minuten mit der Milch erhitzen. Die restlichen Zutaten bis auf die Pistazien mit der Safranmilch mit dem Stabmixer verquirlen. Pistazien rösten und auf den Lassis verteilen.

Variationen_Statt Pistazien können auch geröstete Mandelblättchen über die Lassis gestreut werden.

Das „böse" *Croissant*

Mir ist sehr wichtig, Lebensmittel möglichst restlos zu verwerten. Das ist in der Gastronomie eine besondere Herausforderung, aber mit etwas Fantasie lassen sich übrig gebliebene Speisen zu etwas Neuem, Eigenständigem umwandeln.

Die Mandel-Nougat-Croissants sind das beste Beispiel für dieses Lebensmittel-Upcycling. Eine Zeit lang haben wir im Restaurant Frühstück angeboten und frisch gebackene Croissants serviert. An einigen Tagen (sehr selten!) sind Croissants übrig geblieben, die ich unbedingt weiterverwerten wollte.

Unerwarteter Weise ist mir die beste Idee dafür in einer kleinen Bäckerei in Shanghai begegnet. Mein Mann hat dort einige Zeit aus beruflichen Gründen gelebt. Wir wohnten mitten in der French Concession und wenn ich zum Frühstück keine Baozi (gedämpfte chinesische Teigtaschen) essen wollte, sondern Lust auf etwas „Westlicheres" hatte, ging ich in ein französisch inspiriertes Deli, um mir diese unfassbar guten Mandelcroissants zu gönnen. Sie zergingen förmlich auf der Zunge!

Das Rezept habe ich noch ein wenig verfeinert, wir belegen die Croissants mit einer zusätzlichen Schicht Nougat. Das macht sie so gehaltvoll, dass wir sie „böse Croissants" getauft haben. Unseren Kunden zaubern sie ein Lächeln ins Gesicht – mittlerweile reichen die übrigbleibenden Croissants nicht mehr aus, wir müssen gleich mehr backen, damit wir der großen Nachfrage nachkommen!

Mandel-Nougat-Croissant

Zutaten für
6-8 Croissants

Läuterzucker

6–8	2 EL	6–8	Puderzucker zum Bestreuen	200 g	200 ml
1–2 Tage alte Croissants	Mandel-blättchen	Scheiben Nougat		Zucker	Wasser

(0,5 cm dick, etwas kleiner als die Croissants)

Mandelcreme

100 g	120 g	1 Prise	100 g	2
Puderzucker	geriebene Mandeln	Salz	Butter	Eier

(Zimmertemperatur)

Tipp_Statt mit Nougat kann man die Croissants auch mit hausgemachter Marmelade oder dunkler Schokolade füllen.

1

Für den Läuterzucker Zucker und Wasser erhitzen, 2 Minuten köcheln lassen und auskühlen lassen.

2

Für die Mandelcreme Puderzucker, Mandeln, Salz und Butter mit dem Mixer verrühren, Eier nacheinander unterrühren.

3

Croissants in der Mitte anschneiden, in den Läuterzucker tunken. Innen mit Creme bestreichen. Je 1 Nougatscheibe hineinlegen. Zuklappen und außen gut mit Creme bestreichen. Zuletzt mit Mandelblättchen bestreuen.

4

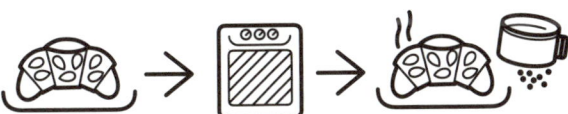

12–15 Minuten bei 180 °C auf einem mit Backpapier belegten Blech im vorgeheizten Ofen backen, bis die Creme goldbraun wird. Einige Minuten auskühlen lassen, mit Puderzucker bestreuen und lauwarm servieren.

Tipp_Die Croissants müssen einige Minuten auskühlen, damit sie beim Herausheben nicht zerbrechen.

Milchreis mit
Espresso-Birnen

Ich liebe es, am Morgen etwas Warmes zu essen. In den asiatischen Küchen werden nicht ohne Grund am Morgen immer warme Speisen angeboten. Der Kreislauf beginnt wieder in die Gänge zu kommen und man bricht sein nächtliches Fasten, wie der englische Begriff es auf den Punkt bringt: „break-fast".

Reis mit Milch, Vanillemark, Puderzucker, Zimt und Zesten aufkochen. Unter ständigem Rühren ca. 15 Minuten kochen, bis der Reis bissfest ist.

Birnen schälen, entkernen und in dünne Spalten schneiden. In einem Topf ca. 1–2 Minuten mit Espresso und Zucker aufkochen, bis die Birnen die Kaffeefarbe annehmen.

Milchreis leicht abkühlen lassen und mit Birnen sowie etwas Espresso-Sud dekorieren.

Variationen_Die Birnen können auf verschiedene Arten zubereitet werden. Eine leckere Alternative ist beispielsweise, sie mit Safran aufzukochen.

Statt Birnen passen auch andere Obstsorten wie Äpfel, Quitten oder Zwetschgen sehr gut zum Reis. Zwetschgen schmecken besonders gut, wenn sie kurz mit Kardamom oder Zimt eingekocht werden.

Zutaten für 4 Personen

200 g	Risottoreis
750 ml	Milch
Mark von 1	Vanilleschote
70 g	Puderzucker
1 TL	gemahlener Zimt
½ TL	Zitronenzesten
2	Birnen
2	starke Espressi
1 EL	Zucker

Bloody-Mary-Lammbällchen

1	Stangesellerie
400 g	Lammhackfleisch
2 EL	geriebener frischer Meerrettich
1	Ei
1 EL	Reismehl
1 EL	Tomatenmark
einige Spritzer	Tabasco
1 TL	Sambal Oelek
	Salz
	Pfeffer
	Öl für das Blech

Sellerie mit dem Grün klein hacken. Alle Zutaten gut vermengen, eher stark würzen, mit dem Pfeffer nicht sparen.

Aus der Fleischmasse kleine Kugeln formen. Auf ein geöltes Blech legen und ca. 30 Minuten bei 200 °C im vorgeheizten Ofen braten.

Tipp_Die Fleischbällchen kann man gut mit Hilfe eines Eisportionierers ausstechen und danach noch kurz formen.

Die Bällchen verlieren an Masse und schrumpfen ca. auf die Hälfte, da in diesem Rezept keine Semmelbrösel oder -würfel verwendet werden.

Perlencouscous mit Hummus und Hackfleisch

200 g	getrocknete Kichererbsen
2 EL	Olivenöl + Olivenöl zum Braten und Anrichten
Saft von 1	Zitrone
1 KL	gemahlener Kreuzkümmel
	Salz
	Pfeffer
1 EL	Tahina
½	lila Zwiebel
300 g	Rinder- oder Lammhackfleisch
1 TL	Maisstärke
1 TL	getrockneter Oregano
1 KL	geriebener Muskat
	Couscous
400 g	Perlencouscous
1 Schuss	Olivenöl
	Salz
2 EL	gehackte Petersilie

Kichererbsen über Nacht mit reichlich Wasser einweichen. Am nächsten Tag abseihen und gut abwaschen. In einem großen Topf in Wasser ohne Salz aufkochen. Ca. 30 Minuten kochen, bis sie weich sind. Abseihen und kalt abschrecken. Mit 2 EL Öl, Zitronensaft, Kreuzkümmel, Salz, Pfeffer, Tahina und ca. 5–6 TL Wasser pürieren (genügend Wasser hinzufügen, damit der Hummus cremiger wird). Kalt stellen.

Zwiebel klein würfeln, in Olivenöl glasig rösten. Flamme hochdrehen und das Fleisch mit der Maisstärke scharf anbraten. Genug Öl verwenden, damit es nicht anklebt. Oregano und Muskat hinzufügen.

Perlencouscous mit Olivenöl in kochendes Salzwasser geben, umrühren. 2 Minuten aufkochen lassen. Feuer abschalten, Couscous 15 Minuten abgedeckt auf dem Herd stehen lassen. Couscous kurz abschrecken und abseihen. Auf Tellern anrichten, über dem Couscous Hummus verteilen und das Fleisch in das „Hummus-Nest" füllen. Mit einigen Spritzern Olivenöl und Petersilie garnieren.

Lang

ausschlafen und
dann im Bett
selbst gemachte
Köstlichkeiten
schlemmen – das ist
mein sonntägliches
Verwöhn-Programm!

Veggie-
Picknick

/

Vegetarische und vegane Ernährung liegt nicht nur im Trend, sondern schmeckt auch gut – wie die Rezepte in diesem Kapitel, die ganz ohne Fisch und Fleisch überzeugen. Viele davon sind vegan, alle vegetarisch und kein einziges verwendet Ersatzprodukte. Stattdessen gibt es Geschmack pur.

Green Soup

Falls es wirklich so etwas gibt wie Beauty-Rezepte, dann ist das hier ein solches. Diese Suppe kann einfach nur guttun, sie enthält nur Gutes und sie schmeckt richtig lecker.

Sonnenblumenkerne im Ofen oder in der Pfanne rösten. Zwiebel fein hacken.

Olivenöl in einem Topf erhitzen, Zwiebel darin glasig dünsten, Knoblauch hineinpressen und 2 Minuten mitgaren.

Erbsen und Spinat hinzufügen und 4 Minuten unter ständigem Wenden weiterdünsten. Mit Wasser aufgießen, bis das Gemüse gut bedeckt ist. Ca. 6–7 Minuten kochen.

Ingwer schälen und fein reiben, zur Suppe geben. Mit Salz und Pfeffer abschmecken. Suppe pürieren. Mit Mohn, gerösteten Sonnenblumenkernen, Leinsamen und Zitronensaft verfeinern. Schmeckt kalt und warm. Wenn sich die Suppe nach dem Transportieren abgesetzt hat, vor dem Servieren gut umrühren.

Variationen_Dieses Rezept ist ein Grundrezept, für das sich verschiedene Gemüsesorten eignen, beispielsweise Brokkoli, Zucchini, Karotten, Lauch, aber auch Rucola, Basilikum oder Rapunzelsalat.

Zutaten für 4 Personen

1 EL	Sonnenblumenkerne
1	kleine Zwiebel
2 EL	Olivenöl
1	Knoblauchzehe
300 g	Erbsen
200 g	Blattspinat
1	Ingwerstück (Daumengröße)
	Salz
	Pfeffer
1 TL	ungemahlener Mohn
1 EL	Leinsamen
	einige Spritzer Zitronensaft

Dreifacher Kohlsalat

Zutaten für
4 Personen

1	Brokkoli
½	Blumenkohl
½	Grünkohl
2	Karotten

Dressing
3 TL	Reisessig
2 EL	Olivenöl
	Salz
	Pfeffer
4 EL	Sonnenblumenkerne

Diesen Salat habe ich ursprünglich nach den Weihnachtsferien entwickelt, zum Entschlacken nach den Feiertagen. Es wäre aber schade, dieses Rohkostgericht, das durch den Reisessig und das Aroma der gerösteten Sonnenblumenkerne sehr harmonisch wird, nur einmal im Jahr zu essen!

Sonnenblumenkerne im Ofen oder in der Pfanne rösten.

Brokkoli und Blumenkohl fein reiben. Grünkohl in feine Streifen schneiden, Karotten schälen und raspeln.

Für das Dressing alle Zutaten verrühren.

Alle Gemüse miteinander vermengen. Mit dem Dressing marinieren, mit Salz und Pfeffer abschmecken. Für den Transport Salat und Sonnenblumenkerne getrennt einpacken, zum Servieren Sonnenblumenkerne über den Salat streuen.

Variationen_Statt Reisessig kann auch Zitronensaft verwendet werden, ein Schuss Ahornsirup oder Agavendicksaft rundet den Salat noch ein wenig ab. Als Basis für diesen Salat eignen sich alle Kohlsorten.

Ein dreifaches Hoch auf
ein wunderbares Gemüse!

Grüner **Smoothie**

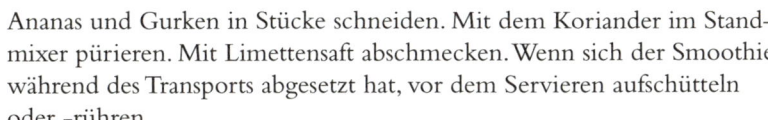

Ananas und Gurken in Stücke schneiden. Mit dem Koriander im Stand-mixer pürieren. Mit Limettensaft abschmecken. Wenn sich der Smoothie während des Transports abgesetzt hat, vor dem Servieren aufschütteln oder -rühren.

Variationen_Schmeckt auch mit Basilikum oder Thai-Basilikum statt Koriander herrlich. Wer es ein wenig schärfer mag, nimmt Rucola.

Zutaten für 4 Personen

300 g	Ananasfruchtfleisch
2	Gurken
2 Handvoll	Koriander
1	Limette

Quinoa-Kuchen
mit Salsa

Quinoa in kochendes Salzwasser geben, umrühren, 15 Minuten köcheln lassen. Abseihen und abschrecken. Zur Seite stellen und abkühlen lassen.

Enden der Zucchini abschneiden und entsorgen. Zucchini einmal in der Mitte längs durchschnei-den, dann in Scheiben schneiden. In etwas Olivenöl 5–10 Minuten anrösten, bis sie Farbe bekommen.

Die getrockneten Tomaten klein schneiden.

Quinoa, Zucchini, getrocknete Tomaten, Eier, Stärke und Sahne in einer Schüssel vermengen. Reichlich salzen und pfeffern.

Masse in eine geölte Kasten-Kuchenform füllen und mit Alufolie abgedeckt 40 Minuten bei 200 °C im vorgeheizten Ofen backen. Folie entfernen und 10 Minuten knusprig backen. Kurz abkühlen lassen. Schmeckt warm und kalt.

Für die Salsa alle Zutaten mit einem Pürierstab oder in einem Blender mixen. Mit Salz und Pfeffer abschmecken. Für den Transport Kuchen und Salsa getrennt einpacken.

Zutaten für 4 Personen

200 g	Quinoa
	Salz
2	Zucchini
	Olivenöl zum Braten
6–8	getrocknete Tomaten in Öl
4	Eier
2 EL	Maisstärke
150 ml	Sahne
	Pfeffer
	Öl für die Form

	Salsa
1 Handvoll	Rucola
1 Handvoll	Korianderblätter
1 Handvoll	Minze
2 EL	Olivenöl
2 EL	Wasser
½	lila Zwiebel
	Salz
	Pfeffer

Blumenkohl-Mandel-Pizza

Zutaten für
4 Personen
(2–3 Pizzen)

2	Blumenkohl
200 g	Mandeln
3	Eier
100 g	frisch geriebener Parmesan
	Salz
	Pfeffer
200 g	Büffelmozzarella
200 g	passierte Tomaten
	Basilikum zum Bestreuen

Fenchel-Belag
2	mittelgroße Fenchel
200 g	Roquefort
3 EL	Oliventapenade (S. 72)

Tomaten-Schafskäse-Belag
500 g	Ochsenherz-Tomaten
50 g	Schafskäse

Blumenkohl im Mixer zerkleinern. 8 Minuten in der Mikrowelle garen. Mit Küchenpapier die Feuchtigkeit herauspressen.

In einem Standmixer Blumenkohl, Mandeln, Eier und Parmesan verquirlen, salzen und pfeffern.

Masse auf Backpapier in Pizzaform aufstreichen. 20 Minuten bei 200 °C im vorgeheizten Ofen backen. Mozzarella klein schneiden. Pizzen mit passierten Tomaten bestreichen, mit Mozzarella belegen, leicht salzen und pfeffern.

Fenchel fein schneiden, Roquefort zerbröseln. Auf einer Pizza die Tapenade verteilen, mit Fenchel und Roquefort bestreuen.

Tomaten entstrunken und in Scheiben schneiden. Schafskäse klein schneiden. Restliche Pizza/Pizzen mit Tomaten und Schafskäse belegen.

Pizzen 5–10 Minuten bei 200 °C im vorgeheizten Ofen goldbraun backen. Mit Basilikum bestreuen.

Variante_Als nicht-vegetarische Variante die Tomaten-Schafskäse-Pizza nach dem Backen mit 100 g Rohschinken belegen.

Tipp_Um den Granatapfel zu entkernen, eine Schüssel ins Waschbecken stellen, wegen der Spritzgefahr eine Schürze anziehen. Granatapfel halbieren. Mit der Schnittfläche nach unten in die linke Hand legen (Linkshänder in die rechte). Mit einem Hammer vorsichtig auf die Schale schlagen, ohne dass sie bricht. Die Kerne rieseln dann wie Regen aus dem Granatapfel.

Rot³
Rotkohl mit roten Rüben & Granatapfel

Kohl in feine Streifen schneiden. Rüben kochen, bis sie weich sind (mit einer Gabel testen).

Kerne aus dem Granatapfel lösen.

Alle Dressingzutaten mit einem Schneebesen verrühren.

Kohl, Rüben und Granatapfelkerne mit dem Dressing marinieren, mit Salz und Pfeffer abschmecken.

1	mittelgroßer Rotkohl
3	mittelgroße rote Rüben
1	Granatapfel
	Dressing
3 EL	Ahornsirup
2 EL	Olivenöl
2 EL	frisch gepresster Orangensaft
Zesten von 1	Orange
	Salz
	Pfeffer

Bunter Sobanudel-Salat

Nudeln nach Packungsanweisung kochen und abseihen.

Sesam im Ofen oder in der Pfanne rösten.

Beide Kohlsorten in feine Streifen schneiden. Karotten schälen und raspeln.

Für das Dressing alle Zutaten verrühren.

Nudeln, Kohl und Karotten miteinander vermengen. Mit dem Dressing marinieren, mit Salz und Pfeffer abschmecken. Mit dem gerösteten Sesam dekorieren.

Schmeckt am besten kalt.

250 g	Sobanudeln
100 g	Rotkohl
100 g	Weißkohl
2	Karotten
	Salz
	Pfeffer
	Dressing
2 TL	schwarzer Sesam
2 EL	sweet Chilisauce
3 EL	Erdnussbutter
2 EL	dunkles Sesamöl
4 EL	Kokosmilch

Zitruscreme mit frischen Erdbeeren

Zutaten für 4 Personen

250 g	Erbeeren
200 g	Crème fraîche
4 EL	Puderzucker
2 EL	frisch gepresster Zitronensaft
Zesten von ½	unbehandelten Zitrone
Zesten von ½	unbehandelten Orange
1 KL	Kardamom

Ich liebe fromage blanc *in Frankreich oder* clotted cream *in England, die man zu Scones serviert bekommt. Bei uns gibt es weder das eine noch das andere, Crème fraîche kommt der Sache am nächsten. Ein bisschen Zitrone und Kardamom dazu und man hat einen perfekten Dip zu allen frischen Beeren! Passt auch wunderbar als Topping zu Crumbles oder schokoladigen Nachspeisen.*

Erdbeeren putzen, einige für die Dekoration in Stücke schneiden.

Die Hälfte der Crème fraîche mit der Hälfte des Puderzuckers und der Hälfte des Zitronensaftes sowie den Zitronenzesten verrühren.

Restliche Crème fraîche mit restlichem Puderzucker und Zitronensaft, dem Großteil der Orangenzesten und Kardamom verrühren.

Creme und Beeren sowie die restlichen Orangenzesten getrennt einpacken. Zum Servieren beide Cremes mit Beeren und die Orangencreme zusätzlich mit Zesten garnieren. Restliche Beeren dazu reichen.

Ein
lauer Sommerabend
am Wasser: eine
der schönsten
Möglichkeiten für ein
City-Picknick.

Rooftop-
Picknick

Fingerfood bietet sich als wunderbar unkomplizierte Lösung für viele verschiedene Gelegenheiten an, vom Stehempfang über das spontane Mini-Picknick auf Parkbank oder Dachterrasse bis zu Partys im Grünen, die ohne Besteck und Geschirr auskommen wollen. Dass kleine Häppchen auch sehr edel sein können, sollen diese Rezeptideen beweisen, die sich als Anregung zur Auswahl der individuellen Lieblingsgerichte verstehen.

Hühner-Satays mit Erdnusssauce

Ein all-time favorite bei unseren Caterings und, seit meine Nichte sich als „Hühner-Satay-Süchtige" geoutet hat, auch ein großer Favorit in meiner Familie.

Hühnerfilets der Länge nach in Streifen schneiden. Knoblauchzehen pressen. Alle Zutaten für die Marinade gut verrühren. Hühnerfleisch mindestens 2 Stunden darin marinieren.

Holzspießchen ca. 10 Minuten in Wasser einlegen. Hühnerstreifen aufspießen. Spießchen auf ein Backblech auflegen, ca. 30–35 Minuten bei 190 °C im Ofen backen.

Für die Erdnusssauce alle Zutaten miteinander verquirlen. Sauce zu den Spießchen servieren, mit Limetten anrichten.

Zutaten für
4 Personen

2	doppelte Hühnerfilets
	Marinade
2	Knoblauchzehen
1 EL	geriebener Ingwer
4 EL	Kokosmilch
2 EL	Sojasauce
1 TL	Sambal Oelek
2 TL	Kurkuma
	Salz
	Erdnusssauce
2 EL	Kokosmilch
4 EL	Erdnussbutter
2 TL	sweet Chilisauce
1 TL	Honig
	Salz nach Geschmack
	Limettenspalten zum Garnieren

Süßkartoffeln mit
Miso & Tahina

2	Süßkartoffeln
2 EL	schwarzer Sesam
2 EL	Miso-Paste
2 EL	dunkles Sesamöl
2 EL	Tahina
	Salz
1 EL	frisch gepresster Zitronensaft

Süßkartoffeln ungeschält in ca. 1 cm dicke Scheiben schneiden.

Misopaste mit 1–2 EL Wasser verdünnen. Mit dem Sesamöl verrühren. Die Süßkartoffelscheiben mit der Mischung bestreichen. 25–30 Minuten bei 200 °C im vorgeheizten Ofen backen, bis sie weich sind. Kurz auskühlen lassen.

Tahina mit Salz, Zitronensaft und wenig Wasser zu einer dickflüssigen Masse verrühren. Mit einem Löffel auf jede Süßkartoffel etwas davon kreisförmig verteilen, mit schwarzem Sesam bestreuen.

Variationen_Statt Süßkartoffeln kann man auch Kürbis verwenden.

Tipp_Am besten wie Lutscher auf Holzspießchen stecken oder in einer Muffinform oder auf einer kleinen Unterlage servieren, z.B. einer zerschnittenen Serviette.

Tortilla statt *Brot!*

Als ich Kind war, hat meine Mutter in unserem ungarischen Ferienhaus jährlich ein Hauskonzert für die Einwohner des Balatoner Städtchens organisiert. Jeden Sommer konnte ich kaum erwarten, dass es wieder so weit war – nicht wegen des musikalischen Genusses, sondern wegen des Buffets, das ich mit meiner Cousine organisieren durfte. Mein Vater plante Tage im Voraus, wie er den Kühlschrank in den Garten verfrachten würde, und ich kochte mit meiner ganzen Familie tagelang im Vorfeld für das Pausen-Publikum.

Jedes Jahr überlegten wir ein eigenes Thema für den großen Abend. An eines der ersten Mottos erinnere ich mich besonders gut: Wie entschieden uns für eine spanische Fiesta mit Sangria und Kartoffeltortillas. Meine Mutter hatte einige Jahre in Madrid gelebt, bevor sie nach Wien kam und wusste genau, wie man die perfekte spanische Tortilla zubereitet.

Ich bin der Meinung, dass die Wiener Esskultur sich zu sehr auf Brot und Gebäck fokussiert. Schon bei meinen ersten Schritten in der Gastronomie habe ich versucht, diese Tradition zu brechen, indem ich bei Caterings Tortillas statt Canapés servierte. In meinem Restaurant setzt sich dieser Schwerpunkt fort: weg vom obligatorischen „Mittags-Brötchen" hin zu Gemüse, Obst, Hülsenfrüchte, alternativem Getreide etc. An unserer Restaurantwand hängt heute noch eine der ersten Kritiken mit dem beredten Titel „Tod der Wurstsemmel".

Zucchini-Tortilla mit Räucherlachs

Zutaten für
1 Blech Tortillas

3	Zucchini
200 ml	Sahne
4	Eier
	Muskat
	Salz
	Pfeffer
	Rucolapesto
50 g	Pinienkerne
1 Handvoll	Rucola
100 g	frisch geriebener Parmesan
4–5 EL	Olivenöl
	Salz
	Pfeffer
100 g	Räucherlachs

Enden der Zucchini abschneiden, Zucchini schälen und in feine Scheiben schneiden (am besten mit einer Mandoline oder einer Küchenmaschine). Mit Küchenpapier trockentupfen.

In einer Schüssel Sahne, Eier, geriebene Muskatnuss, Salz und Pfeffer verquirlen.

Ein kleines, hohes Backblech oder eine eckige Backform mit Backpapier auslegen. Zucchini darauf auffächern, Eiersahne darüber gießen. Ca. 30–40 Minuten bei 200 °C im vorgeheizten Ofen backen.

Währenddessen die Pinienkerne rösten. Mit Rucola, Parmesan und Öl mit einem Pürierstab oder in einem Blender mixen. Mit Salz und Pfeffer abschmecken.

Tortilla ausgekühlt in Würfel schneiden. Mit Lachsröschen und etwas Rucolapesto servieren.

Variationen_Statt Zucchini kann man auch Kartoffeln oder Blattspinat und Parmesan verwenden.

Bei den Toppings sind der Phantasie keine Grenzen gesetzt, ich mag zum Beispiel Dill und Frischkäse, Chorizo und Tomatenpesto, Thunfisch und Dijonaise.

Süßkartoffel-Tortillas mit
Feta und Minzpesto

Süßkartoffeln schälen und in feine Scheiben schneiden (am besten mit einer Mandoline oder einer Küchenmaschine). Wenn sie nass sind, mit Küchenpapier abtupfen.

In einer Schüssel Sahne, Eier, geriebenen Muskat, Salz und Pfeffer verquirlen.

Ein kleines, hohes Backblech oder eine eckige Backform mit Backpapier auslegen. Kartoffelscheiben darauf auffächern und die Eimasse darüber gießen. Ca. 30–40 Minuten bei 200 °C im vorgeheizten Ofen backen.

Für das Minzpesto Pinienkerne rösten. Alle Zutaten entweder mit einem Pürierstab oder im Mixer mixen. Mit Salz und Pfeffer abschmecken.

Tortilla ausgekühlt in Würfel schneiden. Auf jeden 1 Stück Feta auflegen, mit Pesto beträufeln.

**Zutaten für
1 Blech Tortillas**

3	mittelgroße Süßkartoffeln
200 ml	Sahne
4	Eier
	Muskat
	Salz
	Pfeffer
100 g	Feta

	Minzpesto
50 g	Pinienkerne
1 Handvoll	Minzblätter
100 g	Parmesan
4–5 EL	Olivenöl
	Salz
	Pfeffer

Gebratener Rosenkohl
mit Schinken

**Zutaten für
4 Personen
zum Aperitif**

16 kleine
Rosenkohlköpfe
16 Scheiben
Rohschinken
Olivenöl zum
Beträufeln
Salz
Pfeffer

*Ein zu Unrecht in Österreich eher wenig
geschätztes Gemüse, das durch das Rösten
im Ofen herrliche Aromen entwickelt.
Diese Mini-Burger der anderen Art sind
ein kinderleicht herzustellender Snack. Sie
lassen sich perfekt vorbereiten, sodass man
seinen Gästen die volle Aufmerksamkeit
schenken kann.*

Rosenkohl waschen und halbieren. Auf ein Backblech setzen, mit Öl beträufeln, mit Salz und Pfeffer
würzen. Ca. 15 Minuten bei 200 °C im vorgeheizten
Ofen backen, bis sie Farbe bekommen.

Zwischen die Hälften der Rosenkohlköpfe je
1 Schinkenscheibe klemmen. Auf Holzspieße aufspießen. Kalt oder warm servieren.

Das Wiedererwachen
des Mini-Gemüses

Mini-Limetten-Cheesecake

Alle Zutaten gut miteinander verquirlen und in kleine Papierförmchen in ein Muffinblech füllen.

Ca. 45 Minuten bei 170 °C im vorgeheizten Ofen backen, bis ein Zahnstocher herausgezogen werden kann, ohne dass Kuchenreste anhaften.

Kurz abkühlen lassen und mit dem Sirup bepinseln. Mit Minze dekorieren, mit Puderzucker bestreuen.

**Zutaten für
20 Mini-Cheesecakes**

500 g	Frischkäse
70 g	Zucker
200 ml	Sahne
2	Eier
2 TL	Limettensaft
1 Packung	Vanille-Pudding-pulver
5 EL	Zitronen-Orangen-Sirup (S. 71)
	Minze zum Dekorieren
	Puderzucker zum Bestreuen

Gefüllte Feigen mit
Karamell-Nüssen

**Zutaten für
4 Personen**

1 Handvoll	Walnüsse
4	Feigen
100 g	Ziegenfrischkäse
100 g	Puderzucker
2 EL	Butter (Zimmertemperatur)
50 ml	Sahne (Zimmertemperatur)
1 Prise	Fleur de Sel

Walnüsse im Ofen oder in der Pfanne rösten.

Wie bei dem Butterscotch-Karamell (S. 75) Puderzucker in einer Pfanne schmelzen lassen, Butter und Sahne hinzufügen und gut verrühren. In das leicht abkühlte Karamell Salz hinzufügen, Walnüsse einrühren. Auf Backpapier auskühlen lassen.

Am oberen Spitz der Feigen ein x einschneiden. Mit Ziegenkäse füllen und jeweils 1 karamellisierte Walnuss auflegen.

Tipp_Wenn Walnüsse übrig bleiben, keine Sorge, die werden immer gerne gegessen: zu Käse, als Salattopping oder auch zu Vanilleeis mit Kürbiskernöl!

Die besten Freunde: Feigen, Ziegenkäse und Nuss vereint zu leckerem Fingerfood.

Brownie-Tiramisu mit Himbeeren

Schokolade und Butter in einer kleinen Pfanne schmelzen, etwas abkühlen lassen.

Eier, Zucker, Kakao, Mehl und Backpulver verrühren, Schokoladenbutter unterheben.

Eine eckige Backform mit Backpapier auslegen. Teig einfüllen.

45–50 Minuten bei 160 °C im vorgeheizten Ofen backen, bis der Kuchen nicht mehr wackelt, wenn man an der Form rüttelt, aber der Kern noch weich ist.

Für das Tiramisu Eier trennen. Eiweiß mit dem Zucker steif schlagen. Eigelb mit Puderzucker und Vanillezucker ca. 5 Minuten weiß rühren. Mascarpone zum Eigelb geben, Eischnee vorsichtig unterheben.

Espresso und Rum verrühren. Abgekühlten Kuchen in die Espresso-Rum-Mischung tunken. Abwechselnd Kuchen und Tiramisucreme in die Gläser schichten. Fertige Portionen mit Kakao bestreuen, mit Himbeeren dekorieren.

Zutaten für
8 Gläschen

Brownies

100 g	dunkle Schokolade (60–65 %)
125 g	Butter
2	Eier
165 g	brauner Zucker
20 g	Kakaopulver (ungesüßt)
90 g	Mehl
¼ TL	Backpulver

Tiramisu

2	Eier (S)
40 g	Zucker (fein)
40 g	Puderzucker
½ Packung	Vanillezucker
125 ml	Espresso
1 EL	Rum
250 g	Mascarpone
1 EL	Kakaopulver (ungesüßt)
8	Himbeeren

Movie-
Night-
Snacks

Ob man in einer warmen Sommer-
nacht im Garten, auf der Terrasse
oder dem Balkon unter dem
Sternenhimmel gemeinsam Lieb-
lingsfilme ansieht oder an einem
Winterabend eingekuschelt auf
dem Sofa dem Geschehen auf
Bildschirm oder Leinwand folgt:
Selbstgemachte Köstlichkeiten
sind die perfekte Ergänzung zu
jedem privaten Filmfestival!

Ich habe Snacks und Salate ausge-
wählt, die zur Begrüßung serviert
werden können und auch nach
dem Film noch lecker schmecken,
zwischendurch etwas zum Knab-
bern und Vorschläge für eine süße
Überraschung hinterher.

Chicken Wings mit
Sojabohnen-Guacamole

Ingwer und Knoblauch schälen. Mit Currypulver, Honig und Öl in einem Blender zu einer Paste verarbeiten, mit Sambal Oelek verrühren. Hühnerflügel mit der Paste marinieren, gut salzen und ca. 15 Minuten ziehen lassen.

Sojabohnen kurz in kochendem Salzwasser blanchieren, abschrecken und abseihen. Mit einem Stabmixer mit Öl, Zitronensaft und saurer Sahne pürieren. Tomaten entstrunken, in Würfel schneiden und unter die Sojabohnenmasse heben. Mit Salz, Cayennepfeffer und Pfeffer abschmecken. Abgedeckt kalt stellen.

Hühnerflügel 30–40 Minuten bei 200 °C im vorgeheizten Ofen backen, bis die Haut knusprig wird.

Die fertigen Flügel mit der Guacamole servieren. Schmecken warm oder kalt.

Tipp_Sojabohnen oxidieren nicht und behalten längere Zeit ihre Farbe. Ich habe schon viele Tipps gehört, wie man dafür sorgen kann, dass Avocado-Guacamole nicht oxidiert, z.B. bis zum Servieren den Kern in der Guacamole behalten. Bei dieser Variante ist das zum Glück gar kein Problem.

Zutaten für
4 Personen

1	Ingwerstück (Daumengröße)
2	Knoblauchzehen
1 TL	mildes Currypulver
1 EL	Honig
2 EL	dunkles Sesamöl
2 EL	Sambal Oelek
8	Hühnerflügel
	Salz

Guacamole

200 g	ausgelöste Sojabohnen (frisch oder TK)
2 EL	Olivenöl
2 EL	frisch gepresster Zitronensaft
3 EL	saure Sahne
2	Tomaten
	Salz
½ TL	Cayennepfeffer
	Pfeffer

Cole Slaw mit Pickles & Miso

Zutaten für
4 Personen

1	mittelgroßer Weißkohl
2	Karotten
5–6	Cornichons
50 g	eingelegter japanischer Ingwer
2 EL	helle Miso-Paste
2 EL	dunkles Sesamöl
2 EL	frisch gepresster Orangensaft
	Salz
	Pfeffer

Kohl in feine Streifen schneiden.
Karotten schälen und raspeln.
Gurken längs in feine Streifen
schneiden. Ingwer ebenfalls
klein schneiden.

Miso-Paste mit 3 EL Wasser,
Sesamöl und Orangensaft mit
einem Schneebesen verrühren,
mit Salz und Pfeffer abschmecken.
Kohl und Karotten mit dem
Dressing vermengen.

Babykartoffeln mit Rote-Linsen-Hummus

Babykartoffeln waschen und auf ein Backblech geben. Mit Öl beträufeln, mit Salz und Pfeffer würzen und 45 Minuten bei 200 °C im vorgeheizten Ofen rösten.

Während die Kartoffeln backen, Linsen ohne Salz ca. 20 Minuten bissfest kochen. Etwas abkühlen lassen, mit Öl, Zitronensaft, Kreuzkümmel, Salz, Pfeffer, Tahina und ca. 2–3 EL Wasser pürieren. Genügend Wasser hinzufügen, damit der Hummus cremiger wird.

Babykartoffeln kurz abkühlen lassen. Hummus über den Kartoffeln verteilen. Mit Kresse dekorieren. Schmeckt warm und kalt.

Variationen_Schmeckt auch mit Süßkartoffeln sehr lecker.

Tipp_Bunter wirkt diese Speise, wenn man unterschiedlich farbige Kartoffeln verwendet, z.B. rote, blaue und violette.

Zutaten für
4 Personen

850 g	Babykartoffeln
	Olivenöl zum
	Beträufeln
	Salz
	Pfeffer
	Hummus
200 g	rote Linsen
2 EL	Olivenöl
Saft von 1	Zitrone
1 KL	gemahlener
	Kreuzkümmel
	Salz
	Pfeffer
1 TL	Tahina
1	Beet Kresse

Tandoori-Blumenkohl
mit Minz-Salsa

Zutaten für
4 Personen

1	Ingwerstück (Daumengröße)
2 EL	Tandoori-Paste
3 EL	griechischer Joghurt
	Salz
	Pfeffer
1	Blumenkohl

	Minz-Salsa
1	Schalotte
2 Handvoll	Minze
1 Handvoll	Koriander
½	rote Chili
Saft von 1	Limette
2 EL	griechischer Joghurt
2 EL	Olivenöl
	Salz
	Pfeffer

Ingwer schälen, mit Tandoori-Paste und Joghurt sowie Salz und Pfeffer in einem Blender zu einer Paste verarbeiten.

Blumenkohl mit der Paste gut einreiben und 45 Minuten bei 200 °C im vorgeheizten Ofen rösten.

Für die Salsa Schalotte halbieren, Chili entkernen und die inneren Haut-Membrane entfernen. Chili, Schalotte und alle anderen Zutaten in einem Blender klein hacken, bis die Salsa eine pestoähnliche Konsistenz erhält.

Blumenkohl auf Backpapier servieren und die Gäste Stücke abschneiden lassen. Die Salsa extra dazu servieren. Schmeckt warm und kalt.

Tipp_Die Salsa hält im Kühlschrank luftdicht verschlossen 5 Tage.

Karotten-Mango-Salat

Karotten und Mangos vertragen sich wie kaum andere Obst- und Gemüsesorten. Ein herrlich erfrischender Salat, der seine Besonderheit durch das herbe, rauchige Sesamöl erhält und dem Thai-Basilikum einen gewissen Twist verleiht. Perfekt zum Naschen auf der Couch!

Karotten schälen und raspeln. Mangos schälen, Fruchtfleisch vom Kern lösen und würfeln.

Für das Dressing Öl, Chili und Zitronensaft mit einem Schneebesen verrühren, mit Salz und Pfeffer abschmecken.

Karotten und Mangos mit dem Dressing marinieren, mit gezupftem Thai-Basilikum dekorieren.

Tipp_Sieht besonders hübsch aus, wenn man orange und violette Karotten kombiniert.

Zutaten für
4 Personen

6	mittelgroße Karotten
2	essreife Mangos
1 Handvoll	Thai-Basilikum

Dressing
4 EL	dunkles Sesamöl
2 TL	Chiliflocken
1 EL	frisch gepresster Zitronensaft
	Salz
	Pfeffer

Gebratener Reis mit Zuckerschoten

Zutaten für
4 Personen

200 g	Basmatireis
1	Frühlingszwiebel
1 Handvoll	Koriander
ca. 2 EL	Butterschmalz
3	Eier
3 EL	Milch
	Salz
	Pfeffer
100 g	Zuckerschoten
3 EL	Sojasauce

Reis am besten in einem Reiskocher kochen und über Nacht abgedeckt kühl stellen, dann bekommt er die für dieses Rezept passendste Konsistenz.

Frühlingszwiebel fein hacken, Korianderblätter zupfen.

In einer beschichteten Pfanne Butterschmalz schmelzen und den Reis darin kross anrösten.

Eier mit Milch verquirlen, salzen und pfeffern. Den Reis in der Pfanne zur Seite schieben und die Eiermilch eingießen. Schnell mit einem Kochlöffel in kleine Stücke zerteilen. Sobald die Eier fester werden, mit dem Reis verrühren.

Frühlingszwiebel, Zuckerschoten und Koriander sowie Sojasauce unterheben.

Heiß oder kalt servieren.

Variationen_Zu diesem Rezept passt fast jedes Gemüse, statt Zuckerschoten kann man z.B. Erbsen, Sojasprossen, Karotten, Zucchini, Brokkoli oder eine Mischung davon nehmen. Wer keinen Koriander mag, verwendet Schnittlauch oder Thai-Basilikum.

Karamell-
Pekannuss-
Brownie

Meine Liebe zur Pekannuss habe ich, wie kann es anders sein, in New York entdeckt, im Peter Luger Steak House, wo „Pecan-Pie with Schlag" serviert wird. Dieses Rezept ist ein absoluter Hit. Sollte wider Erwarten etwas übrig bleiben, kann man es für Tiramisu weiterverwerten (S. 129).

	Zutaten für 8 Brownies
50 g	Pekannüsse
200 g	dunkle Schokolade (60–65 %)
250 g	Butter
4	Eier
310 g	brauner Zucker
35 g	Kakaopulver (ungesüßt)
185 g	Mehl
½ TL	Backpulver
40 g	Karamell (S. 75)
8	Pistazien

Pekannüsse im Ofen oder in der Pfanne rösten.

Schokolade und Butter in einer kleinen Pfanne schmelzen lassen, etwas auskühlen lassen.

Eier, Zucker, Kakao, Mehl und Backpulver verrühren und Schokoladenbutter unterheben. Zuletzt Pekannüsse einrühren.

Eine eckige Backform mit Backpapier auslegen und die Teigmasse einfüllen.

45–50 Minuten bei 160 °C im vorgeheizten Ofen backen. Der Brownie soll nicht mehr wackeln, wenn man an der Form rüttelt.

Das etwas abgekühlte Karamell mit etwas Wasser verrühren und über den Brownies verteilen. Pistazien hacken und Brownies damit bestreuen. Wenn sie ausgekühlt sind, die Brownies in Rechtecke schneiden.

Tipp_Für ein ideales Timing die Brownies backen, bevor die Gäste eintreffen. Während des Filmes kühlen die Bownies aus und machen sich nach der Vorführung gut als willkommene süße Überraschung.

Erdnussbutter-Bananen-Kuchen

Zutaten für 1 Kastenform mit 20–25 cm

4	reife Bananen
220 g	Mehl
1	Prise Salz
1 TL	Backpulver
110 g	brauner Zucker
1 TL	gemahlener Zimt
½ TL	frisch geriebene Muskatnuss
1	Ei
4 EL	Erdnussbutter
80 g	zerlassene Butter
3 EL	Schokoladentropfen (Backzutat)
	Butter für die Form

Bananen schälen und mit einer Gabel leicht zerquetschen.

Mehl, Salz, Backpulver, Zucker und Gewürze in einer Schüssel verrühren. Ei hineinschlagen, Erdnussbutter, Butter, Schokoladendrops und Bananen dazugeben. Schnell verrühren, bis keine Klumpen mehr zu sehen sind.

Masse in eine gebutterte Kastenform füllen und 50–60 Minuten im auf 180 °C vorgeheizten Ofen backen.

10 Minuten auskühlen lassen. Aus der Form stürzen. Bevor der Kuchen angeschnitten werden kann, muss er noch ein wenig abkühlen, sonst zerfällt er.

Variationen_Statt Erdnussbutter kann man auch Mandelcreme oder Cashewcreme verwenden. Auch Nuss-Nougat-Creme (S. 82) ist eine Alternative.

Tipp_Für ein ideales Timing den Kuchen backen, bevor die Gäste eintreffen. Während des Filmes kühlt er aus und macht sich nach der Vorführung gut als willkommene süße Überraschung.

Süßkartoffeln mit Feta

Süßkartoffeln schälen und in Schiffchen schneiden.

Ein Backbleck mit Backpapier auslegen, Süßkartoffel-Schiffchen darauf verteilen Mit Öl, Salz und Pfeffer würzen und ca. 50 Minuten bei 200 °C im vorgeheizten Ofen rösten.

Kurz auskühlen lassen.

Feta mit den Fingern über die Süßkartoffeln bröseln, Honig darüber träufeln. Mit Sumach bestreuen.

	Zutaten für 4 Personen
4 mittelgroße	Süßkartoffeln
	Olivenöl zum Beträufeln
	Salz
	Pfeffer
120 g	Feta
2–3 EL	Honig
1 EL	Sumach

Tipp_Das Honigglas kurz unter lauwarmes Wasser halten, damit der Honig flüssiger wird und sich einfacher über den Kartoffeln verteilen lässt.

Register,
Dank & Team

hiddenkitchen
Färbergasse 3
1010 Wien
city@hiddenkitchen.at

hiddenkitchen Park
Invalidenstraße 19
1030 Wien
park@hiddenkitchen.at
www.hiddenkitchen.at

hiddenkitchen und hiddenkitchen Park

(hiddenkitchen)

City: Wien 1., Färbergasse 3
(01) 276 83 98, city@hiddenkitchen.at
Park: Wien 3., Invalidenstraße 19
(01) 971 60 93, park@hiddenkitchen.at
www.hiddenkitchen.at

Die *hiddenkitchen* eröffnete im Februar 2010 in der unscheinbaren Färbergasse im 1. Wiener Gemeindebezirk. Namensgebend war das Guerilla-Catering-Projekt, das Julia Kutas zuvor von ihrem Zuhause aus gestartet hatte, als niemand wusste, wo sich ihre Küche befand. Der Name wurde beibehalten, da der Standort der Färbergasse sehr versteckt liegt und die Küche aus dem Restaurantbereich nicht zu sehen bzw. nicht einmal zu erahnen ist: Sie liegt versteckt über dem Hausgang.

Im September 2015, nach fünfjährigem Bestehen des Lokals im ersten Bezirk, eröffnete in der Invalidenstraße die zweite Filiale unter dem Namen *hiddenkitchen Park*, schräg vis-à-vis vom Wiener Stadtpark. Auch hier ist die Küche vor den Gästen versteckt und nur durch die Speisen, die aus dem Untergeschoss kommen, zu erahnen.

Seit über fünf Jahren bekocht die *hiddenkitchen* viele hungrige Menschen. Besonders viel Wert wird auf facettenreiches Mittagessen gelegt. Die gesunde Schnellverpflegung der *hiddenktichen* bietet eine große Auswahl an selbstgemachten bunten Salaten, Suppen, Eintöpfen, Hauptgerichten mit Fleisch, z.B. Lammbällchen oder Ofenhühnchen, Cupcakes, Tartes und selbstverständlich jeden Tag eine andere Quiche. Berühmt ist die *hiddenkitchen* unter anderem dafür, seit ihrem Eröffnungstag noch nie eine Quiche wiederholt zu haben. Viele Kunden kommen täglich und immer wieder wird alles komplett aufgegessen. Ein Konzept, das oft verwundert, aber uns bestätigt, da Frische in der *hiddenktichen* großgeschrieben wird.

Das Restaurantkonzept folgt einer einfachen Idee: eine große weiße Theke, auf der alles zu sehen ist, was es zu essen gibt, sodass das visuelle Erlebnis mit dem geschmacklichen vereint wird. Zusammensetzung und Kombinationen der Speisen sind ungewöhnlich und überraschen in ihrer Harmonie. Ziel war es, neues, internationales Flair nach Wien zu bringen, durch internationale Speisen, aber auch durch regelmäßige Reisen, die Julia Kutas als Inspiration für neue Speisenkreationen dienen.

Die Stärke der Küche ist es, Zutaten kreativ und unerwartet zu kombinieren. Speisen zu gestalten, die immer wieder überraschen und einfach zubereitet werden können. Im Mittelpunkt stehen frische Zutaten, abwechslungsreiche Lebensmittel und optische Erlebnisse, die eine ausgewogene Ernährung unterstützen, ohne auf Genuss zu verzichten. So viele Geschmacksrichtungen wie möglich sollen abgedeckt werden, um für viele Gäste etwas Passendes zu bieten und noch immer Platz zu lassen für Besonderes. Die klare saisonale Küche mit viel Liebe zum Detail erfindet sich immer wieder neu.

Das Interieur der beiden Filialen der *hiddenkitchen* soll das Speisenkonzept widerspiegeln und Gemütlichkeit mit Modernem verbinden. So verbinden sich verschiedenste Objekte zu einer Einheit: Stühle aus einem alten Gasthaus, Luster aus einem Wiener Bestattungsunternehmen, Kommi-Schick-Ledersessel aus Ungarn und viele andere in liebevoller Sammlungsarbeit zusammengestellte Möbelstücke.

Danksagung

Zuallererst möchte ich mich bei meinem Mann bedanken, dem besten Ehemann der Welt und auch dem besten Essenskritiker, dem ich alle meine Rezeptkreationen vorführen darf, und der mit größter und liebevollster Vorsicht seine Meinung äußert. Und, noch viel wichtiger: der mich in jeden meiner Schritte unterstützt und mich ermutigt, einen Schritt nach dem anderen zu setzen, wenn ich hin und wieder den Überblick verliere.

Bedanken möchte ich mich auch bei meiner Mutter, die mir immer ein Vorbild ist und auf alle Fragen Antworten weiß. Sie verliert nie die Geduld und freut sich auch nach meinem fünften Anruf, mich zu hören. Ein großer Dank auch an meine ganze Familie und an die meines Mannes! Ebenso an Judith und Flo und alle anderen lieben Freunde, die in Notsituationen nicht von meiner Seite weichen, und an jeden Einzelnen, der dieses Buch ermöglicht hat. Ein herzliches Danke hier auch an die Crowdfunder, die so lange auf dieses Buch gewartet und von der ersten Sekunde an das Projekt geglaubt haben.

Ein besonderer Dank an ausgewählte Unterstützer über die Crowdfunding-Plattform:

Karin Bachl
Botond-István Borbély
Helgo Eberwein
Stefan Harlander
Thomas Mögel
Sabine Nikolay

Julia Kutas

Wolfgang Hummer

Robert S. Hofer

Else Rieger

The Gentlemen Creatives

Team

Julia Kutas
Texte und Rezepte

Kunsthistorikerin mit ungarischen Wurzeln, hat in London studiert und einige Zeit im Kunstbereich gearbeitet, u.a. in New York für das Museum der Museen MoMA. Schon ihre Diplomarbeit hat sie der Küche gewidmet und über „Kunst Kochen: Kochen und Speisen als künstlerisches Motiv in der Gegenwartskunst" geschrieben.

Nach einer Konzept- und Testphase mittels eines „Guerilla-Caterings" hat sie sich 2010 entschieden, den großen Schritt zu wagen und mit der *hiddenkitchen* im Herzen Wiens ihr eigenes Mittagslokal eröffnet. 2015 folgte die zweite Filiale, das *hiddenkitchen Park*.

Wolfgang Hummer
Fotograf

Wolfgang Hummer ist seit 12 Jahren als Fotograf in den Bereichen Food, Portrait, Werbung und Architektur tätig. Die heimliche Liebe Fotografie wurde zur Berufung des ehemaligen Artdirectors, die Meisterprüfung besiegelte die weitere Karriere. Mit Graz als Homebase und Standort des Fotostudios wird er von namhaften Agenturen, Verlagen und Magazinen in Österreich, aber auch international gebucht. Der Meisterfotograf ist Gastdozent an der Kunstuniversität Graz und hatte bereits Größen wie Eckart Witzigmann und Gordon Ramsay vor der Linse.
www.wolfganghummer.com

Robert S. Hofer,
Setstyling & Visuelle Gestaltung

Geboren 1979 in der Steiermark, aufgewachsen in Wien. Studium an der Universität für Angewandte Kunst, Bühnen- und Filmdesign. Zahlreiche Arbeiten für Theater und Film. Ist als freier Food-Setstylist und visueller Gestalter tätig.

Else Rieger
Lektorat

geb. 1970 in Salzburg, deutsche Wahlwienerin. Schätzt an Kochbüchern die Herausforderung Wissen und Handlungsanweisungen bestmöglich in Worte und Bilder zu kleiden.

The Gentlemen Creatives
Design & Layout

The Gentlemen Creatives sind eine unabhängige, in Wien ansässige Werbe- und Design-Agentur mit einer Vorliebe für die Kreation und Umsetzung von konzeptbasierten, engagierten und smarten Projekten. Ihre Kunden reichen von globalen Big Playern bis hin zu kleinen Innovatoren, die in unterschiedlichsten Märkten tätig sind und unvergleichliche Visionen verfolgen. Die große Bandbreite an Kunden aus verschiedensten Branchen garantiert The Gentlemen Creatives Frische und Individualität in all ihrer Arbeit.
www.thegentlemencreatives.wien

Rezeptregister

Hinweis_Soweit nicht anders angegeben, werden Eier der Größe M und gängiges Weizen-Haushaltsmehl verwendet (Type 405 oder 550 in Deutschland, glattes oder Universal-Mehl in Österreich).

GgGg

Granola, hausgemacht ///75
Granola, hausgemacht, auf Joghurt mit Beeren ///81
Granola-Apfel-Crumble, mini ///58
Green Soup ///97

HhHh

Harissa, hausgemacht ///68
Hühner-Satays mit Erdnusssauce ///113
Hühner-Tajine auf Perlencouscous ///20

KkKk

Karamell ///75
Karamell-Pekannuss-Brownie ///145
Karotten-Mango-Salat ///141
Kichererbsen-Salat mit Äpfeln & Cornichons ///15
Kohlsalat, dreifach ///98
Kürbis mit Spinat-Salat ///27
Kürbis-Karamell-Cupcake mit Kardamom-Frischkäse ///49
Kürbis-Zitronen-Marmelade ///76

LlLl

Lammbällchen Bloody Mary ///90
Lammbällchen mit Rote-Rüben-Hummus ///36
Lassi mit Safran & Pistazien ///82
Lebkuchen-Nougat-Mousse ///46
Limetten-Cheesecake, mini ///125
Linsensalat, pink ///43

MmMm

Mandel-Blumenkohl-Pizza ///102
Mandel-Nougat-Croissant ///86
Mango-Karotten-Salat ///141
Mango-Lassi mit Safran & Pistazien ///82
Mango-Taboulé ///15
Marmelade aus Kürbis und Zitronen ///76

Milchreis mit Espresso-Birnen ///89
Mini-Granola-Apfel-Crumble ///58
Mini-Limetten-Cheesecake ///125
Mini-Quiche mit Kürbis & Äpfeln ///53
Minzpesto ///121
Minz-Salsa ///138
Miso-Kürbis mit Spinat-Salat ///27
Mohnpesto ///67
Moussaka-Quiche ///26

NnNn
Nougat-Lebkuchen-Mousse ///46
Nuss-Nougat-Creme, hausgemacht ///82

OoOo
Oliventapenade ///72

PpPp
Parmesan-Cracker ///68
Pekannuss-Karamell-Brownie ///145
Perlencouscous mit Hühner-Tajine ///20
Perlencouscous mit Hummus und Hackfleisch ///90
Pesto aus Mohn ///67
Pesto mit Minze ///121
Pesto mit Rucola ///118
Pinker Linsensalat ///43
Pizza aus Blumenkohl und Mandeln ///102
Prosciutto-Feigen-Quiche ///35
Prosciutto-Tarte mit Zucchini &
getrockneten Tomaten ///61

QqQq
Quiche mit Moussaka ///26
Quiche mit Prosciutto & Feigen ///35
Quiches, mini, mit Kürbis & Äpfeln ///53
Quinoa mit Balsamico-Pilzen ///30
Quinoa-Kuchen mit Salsa ///101
Quinoasalat mit gerösteten Trauben & Halloumi ///54

RrRr

Reis, gebraten, mit Zuckerschoten ///142
Rosenkohl, gebraten, mit Schinken ///122
Rot³ Rotkohl mit roten Rüben & Granatapfel ///105
Rote-Rüben-Hummus ///36
Rucolapesto ///118

SsSs

Salsa aus Rucola, Koriander und Minze ///101
Salsa mit Minze ///138
Salzmandeln, ofengeröstet ///76
Schokoladenkuchen mit Salz-Karamell ///57
Smoothie, grün ///101
Sobanudeln mit Avocado, Tomaten & Basilikum ///22
Sobanudel-Salat, bunt ///105
Spinat-Erbsen-Suppe ///97
Spinat-Salat mit Miso-Kürbis ///27
Süßkartoffel-Apfel-Salat mit Macadamianüssen ///45
Süßkartoffeln mit Feta ///149
Süßkartoffeln mit Miso & Tahina ///114
Süßkartoffel-Tortillas mit Feta und Minzpesto ///121

TtTt

Taboulé mit Mango ///15
Tajine mit Huhn auf Perlencouscous ///20
Tandoori-Blumenkohl mit Minz-Salsa ///138
Tapenade ///72
Tarte mit Prosciutto, Zucchini & getrockneten Tomaten ///61
Tiramisu mit Brownies und Himbeeren ///129
Tortilla aus Zucchini mit Räucherlachs ///118
Tortillas aus Süßkartoffeln mit Feta und Minzpesto ///121

WwWw

Walnusskuchen mit gerösteter Tomatensauce ///39
Walnuss-Zucchini-Suppe ///16

ZzZz

Zitronen-Orangen-Eisteesirup ///71
Zitruscreme mit frischen Erdbeeren ///106
Zucchini-Tortilla mit Räucherlachs ///118
Zucchini-Walnuss-Suppe ///16

Impressum

Bibliografische Information der Deutschen Nationalbibliothek

Die Deutsche Nationalbibliothek verzeichnet diese Publikation in der Deutschen Nationalbibliografie; detaillierte bibliografische Daten sind im Internet über http://dnb.d-nb.de abrufbar.

1. Auflage

Abbildungsnachweis
GettyImages
S. 4/5_Montserrat
Prats Barrull / EyeEm
S. 8/9_Helen Cathcart
S. 92/93_Tugdual
Savi / EyeEm
S. 108/109_Christoph
Hetzmannseder
StockFood
S. 116_Amiel, Jean-Claude
Shutterstock
S. 150/151_Gillmar
Alle anderen
Wolfgang Hummer

Rezepte und Texte_Julia Kutas
Fotografien_Wolfgang Hummer
Styling_Robert S. Hofer
Grafik Design_The Gentlemen Creatives GmbH
Lektorat_Else Rieger
Projektleitung Brandstätter Verlag_Stefanie Neuhart

Schriften_Brown, Bembo
Papier_Munken Print White 150 gr

ISBN_ 978-3-85033-974-2

Christian Brandstätter Verlag GmbH & Co KG
A-1080 Wien, Wickenburggasse 26
Telefon (+43-1) 512 15 43-0
Telefax (+43-1) 512 15 43-231
E-Mail: info@brandstaetterverlag.com
www.brandstaetterverlag.com